Wade Krawczyk

Uniformen der
Deutschen Wehrmacht
1937-1945

Wade Krawczyk

Uniformen der Deutschen Wehrmacht 1937-1945

in 230 Farbfotografien

First Published in Great Britain as
German Army Uniforms of World War II in Colour Phohographs

by: The Crowood Preß Ltd, The Stable Block, Crowood Lane, Ramsbury,
Marlborough, Wiltshire, SN8 2HR

Genehmigte Lizenzausgabe 2008

Aus dem Englischen übertragen von Heinz Schmerder

ISBN 978-3-938392-45-4

Winkelried-Verlag
Postfach 160233
01288 Dresden
Telefon & Fax 0700-33605144
post@winkelried-verlag.de

Einführung

Als ich vor über zwanzig Jahren begann, deutsche Militärartikel zu sammeln, war solches Material im Originalzustand in großen Mengen verfügbar und jederzeit zu erhalten. Wie für so manchen anderen Sammler war auch für mich das Standardwerk von Brian L. Davis „Uniformen und Abzeichen des deutschen Heeres 1933-1945“ das erste Fachbuch, aus dem ich mir Wissen aneignete. Und es blieb eine praktische Informationsquelle für viele Jahre. Seit einiger Zeit hat sich die Fachliteratur zu diesem Thema auf Teilgebiete erweitert, die sich speziell mit einzelnen Themen fachkundig beschäftigt. Jedoch stellte ich eines Tages auf einer Militärmesse anhand eines Buches, das ich dort sah (und fast nicht gekauft hätte), fest, was eigentlich bisher gefehlt hat. Das Buch war von einem europäischen Militärmuseum und zeigte die Uniformen aus dem Fundus des Museums, die von lebenden Modellen getragen und in Farbfotografie wiedergegeben waren. Die Wirkung, die diese farbig abgebildeten Uniformen auf mich nach der jahrelangen Überflutung mit Schwarzweiß-Bildern machten, war geradezu bombastisch. In Ergänzung zu der sorgfältigen Beschäftigung und Auswertung der zeitgeschichtlichen Fotos, die natürlich von zentraler Wichtigkeit für den Sammler sind und bleiben, war der Vergleich anhand solcher Farbfotos für mich von nicht abzuschätzendem Wert. Denn es ergaben sich vollkommen neue Einblicke und Perspektiven.

„Wissen ist Macht“ und es gibt nur einige wenige Gebiete, auf die dies mehr zutrifft als auf das Fachgebiet Sammeln von Militaria. Dies insbesondere wegen des Ausmaßes an gefälschten Stücken und wegen der geforderten hohen Preise, die vor allem auf den noch Unerfahrenen und Lernenden in Sachen Wehrmachtsuniformen lauern. Schutz vor Schwindlern, Reproduktionen und veränderten Stücken verschafft nicht ein gut gefülltes Bankkonto, sondern nur das tiefgehende Wissen über das Sammelgebiet. Forschung ist keine unangenehme Aufgabe beim Sammeln, sondern vielmehr ist die gesammelte Erfahrung ein grundlegender und befriedigender Teil davon. Man sollte wissen was getragen wurde, warum es getragen wurde, aus was es hergestellt wurde und was dem ähnlich sieht. Es muß allerdings auch klar gesagt werden, daß dies keinen Ersatz für das wirkliche – im wahrsten Sinne des Wortes – Befassen mit den vielen unterschiedlichen Stücken ist. Aber für die meisten Sammler muß das ganze mit einer sorgsam zusammengestellten Bibliothek von Fachliteratur anfangen.

Ich hoffe, daß der Leser durch die Darstellungen und Erläuterungen sozusagen „am Mann“ in die Lage versetzt wird, sich eine große Vertrautheit mit den vielfachen Erscheinungsformen und den Detailunterschieden anzueignen. Die farbigen Groß- und Detailaufnahmen sind dafür hervorragend geeignet. Auf den ersten Blick sehen sich viele Stücke sehr ähnlich, und man möchte oft meinen, daß sie identisch sind. Doch beim genaueren Hinsehen offenbaren sich dann die Unterschiede. Und genau das gibt dem Sammeln den besonderen Reiz.

Eine kurze Anmerkung zu den verwendeten Fachbegriffen muß noch sein. Ich habe versucht die deutschen Originalbezeichnungen der damaligen Zeit für die verschiedenen Uniformen, Uniformteile, Ausrüstungen, Sammel- und Gesamtbezeichnungen usw. zu verwenden. In der englischen Originalausgabe dieses Buches habe ich aber hierzu oftmals auf die üblichen englischen Bezeichnungen bei den immer wiederkehrenden Begriffen zurückgegriffen. Der Unterschied zwischen Mannschaftsdienstgrad und Unteroffiziers- und Feldwebeldienstgrad entspricht den deutschen Einteilungen. Bei den ersten wurde der Dienstgrad auf dem Ärmel bzw. auf dem Oberarm getragen, bei den letzteren als Markierung am Kragen und auf den Schulterstücken. Die verwendeten Begriffe „Silber“, „Gold“, „Seide“ usw. beziehen sich auf die farbliche Erscheinung, nicht auf das für die Uniformen und Abzeichen verwendete Material.

Dank und Anerkennung möchte ich einigen Personen aussprechen. Denn obwohl die meisten Teile, die in diesem Buch dargestellt werden, aus meiner eigenen Sammlung stammen, haben auch andere Personen Material oder Unterstützung und oftmals beides beigesteuert. Insbesondere danke ich Peter Gronow, der mir 1975 die erste Uniform verkauft hat und mich seither immer wieder ermutigt und mein Fachwissen auf den neuesten Kenntnisstand gebracht hat. Wir sind seit langem sehr eng befreundet. Ebenso möchte ich Mark Stevens, Peter Roberts, David Grimshaw und Steve Meiburg danken. Manche Teile, die hier bildlich dargestellt sind, stammen von ihnen. Den Modellen danke ich für ihre Geduld während der Fotoaufnahmen und für die Standhaftigkeit unter der Hitze der Scheinwerfer. Martin Windrow danke ich für die Unterstützung und Alan Mowbray für die Überlassung des MG 42. Außerdem möchte ich unbedingt meinen Eltern, meinem Bruder und meiner Frau Melissa für das Verständnis danken, das sie schon so lange Zeit meinem Hobby entgegenbringen. Danke an euch alle.

Wade Krawczyk

GOTT MIT UNS

Inhaltsverzeichnis

(1) Unteroffizier der Infanterie, Ausgehanzug, Deutschland 1937-1939

Dieser Waffenrock wurde im Juni 1935 eingeführt und hatte Ähnlichkeit mit der Uniform des alten Kaiserreiches. Er zeigt auch traditionelle preußische Elemente. Er hatte außen keine Taschen und war leicht auf Taille geschneidert. Die Waffengattung des Trägers war an der Waffenfarbe erkennbar, die als Verzierung entsprechend systematisch an der Uniform angebracht war. Am Paradeanzug und am Ausgehanzug waren dies farbliche Vorstöße am Waffenrock und den Schulterstücken sowie Zierstreifen an den Hosen, ebenso metallfarbene Litzen an den Ärmeln und den Kragenpatten.

Vorrangig fand diese Uniform bei Paraden Anwendung, sie wurde dann zusammen mit Stahlhelm, Marschstiefeln und Gewehrkoppel getragen. Außerdem wurde sie auch als Ausgehuniform im privaten Bereich und zu Anlässen getragen, die nicht dienstlich waren. Dann gehörten Schirmmütze, Halbschuhe und das auf hochglanz polierte Koppel dazu. Portepee-Unteroffiziere trugen oft einen privat gekauften Säbel zu der Ausgehuniform. Er wurde an einer Einhängevorrichtung unter der Jacke befestigt. Mit dem Ausbruch des Krieges endete die Herstellung dieser Waffenröcke. Aber in der Zeit vor dem Krieg hatte jeder Heeresangehörige das Recht, sich privat einen maßgeschneiderten Waffenrock zu kaufen. Es war speziell bei den Unteroffizieren mit Portepee im Unteroffizierskorps üblich, dieses Privileg wahrzunehmen und sich einen Eigentumsrock zu beschaffen. Die maßgeschneiderten Waffenröcke waren von höherer Materialqualität und sehr fachmännisch hergestellt. Sie hatten mehrere modische Merkmale. So waren die Kragen bisweilen größer und die Embleme am Kragen stärker hervorgehoben. Das hier abgebildete Uniformbeispiel wurde von einem Schneider aus Hannover für den Unteroffizier Heins von der 9. Kompanie des 57. Infanterieregiments unter dem Datum des 20.4.1937 hergestellt. Privat gekaufte Waffenröcke hatten im Jackeninnern im Nackenbereich ein eingesticktes Etikett des Schneiders, und in der Tasche war der Name des Eigentümers angebracht. Der Waffenrock besteht aus sehr feinem leicht gerippten Twill und hat ein grün glänzendes Innenfutter. Die Ärmel sind umkleidet mit weißen und grauen Aufschlägen. Die vorgestoßene Waffenfarbe ist weiß, das ist die Farbe der Infanterie. Innen auf der rechten Brustseite ist eine Tasche. Zwei weitere Taschen befinden sich auf der Rückseite des Waffenrockes, verborgen unter den dekorativen Rockaufschlägen. Auch sie sind mit Vorstößen in der Waffenfarbe der Infanterie versehen.

Die Abzeichen, die auf diesem Waffenrock verwendet werden, entsprechend dem Standard. Allerdings hatten sich viele Dienstgrade aus dem Unteroffizierskorps der Porteepeeträger Litzen in besser Ausführung, der so genannten Offiziersqualität, anbringen lassen. Bei diesem Soldaten ist das Hoheitsabzeichen (ein Adler mit ausgebreiteten Flügeln, der in seinen Fängen ein Hakenkreuz im Ehrenkranz hält) handgestickt. Bei allen Dienstgraden in der Wehrmacht wurde das Hoheitsabzeichen auf der rechten Brustseite getragen. Die Schulterklappen sind nach innen zulaufend abgerundet, während sie früher spitz zulaufend waren. Die Art der Anbringung am Waffenrock konnte sehr unterschiedlich sein, jedoch war das äußere Ende der Schulterklappe in den Saum der Schulter eingenäht. Die Nummer der Einheit, das Truppenkennzeichen, war normalerweise in der Mitte der Schulterklappe eingestickt, und zwar in der Waffenfarbe. Aber gegen Ende der dreißiger Jahre ordneten manche Einheiten an, daß dies entfernt werden müsse. So auch in diesem Fall. Die silberfarbigen 1,5 cm breiten Litzentressen des Unteroffizierkorps wurden auf dem Kragen und an den Ärmeln getragen. Dieser Soldat trägt auf seiner linken Brust das Reichssportabzeichen des DRL (Deutscher Reichsbund für Leibesübungen), das auf der Rückseite eine Befestigungsnadel hat und damit an der Uniform in eingenähten Anstecklöchern festgemacht wird.

Die Farbe des Waffenrocks wird offiziell als feldgrau bezeichnet. Jedoch ist dies eher eine allgemeine Bezeichnung für den Farbton. Die Hosen sind aus steingrauem Stoff mit einem Zierstreifen in der Waffenfarbe, entlang der äußeren Naht an jedem Hosenbein. Die Hose war weit geschnitten und von sehr guter Qualität. Im Bund befinden sich zwei eingearbeitete Schlaufen, mit denen die Hosenweite auf die Erfordernisse des Trägers angepaßt werden konnte. Manchmal waren die Hosentaschen nur angedeutet, also in Wirklichkeit nicht vorhanden, oder zugenäht, um die äußere Erscheinung zu verbessern.

Die Schirmmütze war die offizielle Kopfbedeckung des Heeres. Die Mützen aus der Anfangszeit der Wehrmacht hatten die Tellerform. 1935 folgte offiziell die Sattelform. Aber vor allem von den Unteroffizieren und Feldwebeln wurde die erste Version trotzdem noch sehr lange verwendet. Am dunkelgrünen Besatzstreifen und am feldgrauen Deckelrand ist die Schirmmütze mit der Waffenfarbe versehen. Vorne an der Mütze auf dem Besatzstreifen ist die Reichskokarde in den Nationalfarben mit Eichenlaubkranz. Darüber im feldgrauen Teil der Mütze ist das Hoheitsabzeichen – Adler mit Hakenkreuz im Ehrenkranz in den Fängen haltend – angebracht. Diese Abzeichen waren im Normalfall aus hellem aluminiumfarbigem Leichtmetall erhaben geprägt. Bei privat gekauften Mützen waren diese angebrachten Embleme auch oft aus feinen Metallfäden gewoben. Die Schirmmützen der Mannschaftsdienstgrade und des Unteroffizierskorps haben alle den verstellbaren Sturmriemen. Die dargestellte Schirmmütze hat eine rostbraunfarbene Stoffauskleidung. Innen ist auf den Mützendeckel ein Schweißschild aus transparentem Zelluloid genäht. Dieser Teil bietet im Innern der Mütze die Möglichkeit, in ein kleines Schubfach ein Etikett mit dem Namen des Eigentümers einzuschieben. Bei privat beschafften Mützen waren neben den Herstellerangaben auch oft Bezeichnungen, die auf den Träger hinweisen, fest angebracht. Das innen am Mützenrand umlaufende Schweißband war aus Leder und hatte die selbe Farbe wie die Innenauskleidung der Schirmmütze, jedoch kamen gelegentlich auch andere Farbschattierungen vor.

Der Säbel ist der Standardtyp für Unteroffiziere, hergestellt bei WKC in Solingen, einer auf diesem Gebiet anerkannten Firma. Er hat einen „Taubenkopfgriff" und ist in silbernickel ausgefertigt.

Links:
Die Schirmmütze für alle Dienstgrade. Diese Form wird als „Tellerform" oder „Untertasse" bezeichnet. Die Vorstöße sind in der weißen Waffenfarbe. Die Zuordnung zur Infanterie ist dadurch möglich.

Links außen:
Die Innenansicht der Schirmmütze zeigt den Schirm, die Auskleidung und das Schweißband der Kopfbedeckung. Auf der Innenseite des Schweißbandes ist aufgedruckt „5/I.R. 116", die Abkürzung für 5. Kompanie des 116. Infanterieregiments. Man kann erkennen, daß der hintere Teil des Schweißschutzes am Mützendeckel fehlt. Das verwendete spröde Material des Schweißschutzes ist wahrscheinlich entlang der Nahtstellen im Laufe der Zeit herausgebrochen.

Großes Bild, links:
Der Waffenrock in Schnitt und Stil der preußischen Militärtradition und Gepflogenheit. Man achte insbesondere auch auf den farblichen Kontrast zwischen dem feldgrauen Farbton des Waffenrockes und der steingrauen Farbe der Uniformhose. Beides – Waffenrock und Uniformhose – wurde zusammen getragen.

Rechts unten:
Die Abzeichen. Die breite silberne Tresse zeigt die Zugehörigkeit zum Unteroffizierskorps vom Unteroffizier an aufwärts. Sie ist am oberen Kragenrand umlaufend und am Vorderteil des Kragens angebracht. Sie ist durchgängig am Dienstrock vorhanden. Die Ärmelenden und der Kragen sind beide aus dunkelgrünem Abzeichentuch und werden durch den 2 mm breiten Vorstoß in der Waffenfarbe der Teilstreitkraft abgeschlossen. Dieser farbliche Vorstoß schließt auch die linke Rockfront ab. Ebenfalls ist dieser Farbton auch die farbliche Unterlegung für die Tressen und Litzen an den Ärmeln und am Kragen. Auf dieser Jacke ist der Hoheitsadler mit Silberfaden auf einem dunkelgrünen Uniformtuch als Trägermaterial aufgestickt. Es ist die von Offizieren verwendete Art. Sie wird deshalb auch als Offiziersqualität bezeichnet. Außerdem ist an der Jacke die Schützenschnur der 3. Stufe (u. a. erkennbar an den zwei anhängenden silbernen Eicheln) befestigt. Die auf dem Schnuransatz angebrachte Plakette war für 1936 typisch.

Rechts oben:
Das Innenfutter des Waffenrockes von Unteroffizier Heins von der 9/I.R. 57 verfügt über viele Besonderheiten, die typisch für privat gekaufte Kleidungsstücke sind. So hat der Waffenrock ein vollständiges Innenfutter, auch die Ärmel sind mit gestreiftem Innenfutter versehen. Er hat einen in das Innenfutter eingearbeiteten Hüftgürtel, der eine individuelle Anpassung ermöglichte. Das gewobene Schneideretikett ist im Nackenteil eingenäht und nennt Traugott Rahne aus Hannover als den ausführenden Schneidermeister.

Unten rechts:
Dieser vom Soldaten privat beschaffte Unteroffizierssäbel entspricht dem üblichen Standard und ist auch mit der vorgeschriebenen Troddel ausgerüstet. Auf der Scheide ist ein nicht offizielles Traditionszeichen aus Emaille in den Farben des Sudetenlandes angebracht.

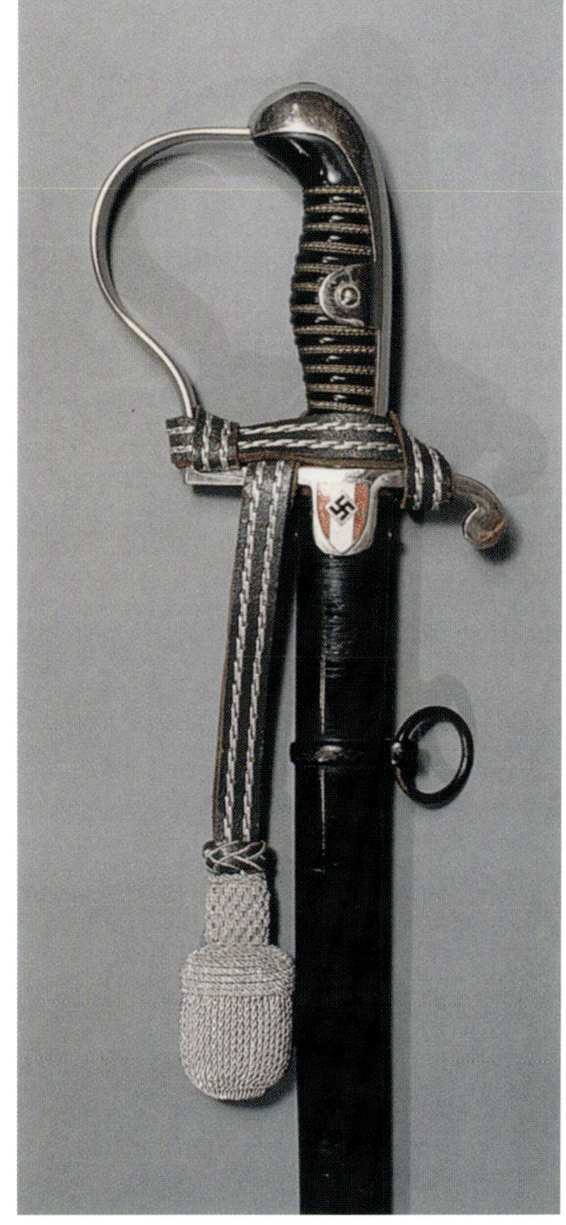

(2) Offizier der Panzertruppe, Paradeanzug, Deutschland 1937-1939

Zusammen mit der Schaffung der Panzertruppe im Jahre 1934 wurde auch die schwarze „Sonderbekleidung der Panzertruppe" für die Soldaten dieser Waffengattung eingeführt. Sie war speziell gedacht für Paraden oder andere Tätigkeiten mit den Fahrzeugen. Sie war nicht als eigentliche Arbeitskleidung oder zur täglichen Benutzung vorgesehen. Zusätzlich erhielten die Panzersoldaten deshalb die vollständige feldgraue Uniformausstattung. Bei Paraden und Zeremonien, die nicht mit den Panzerfahrzeugen oder abgesessen durchgeführt wurden, wurde – ebenso wie bei allen anderen Waffengattungen des Heeres – der Paradeanzug getragen.

Die gesamte Offiziersuniform war in traditionellem Schnitt und Stil geschneidert. Die Vorstöße sind ebenso wie das Untergrundtuch für die Litzen in der rosafarbenen Waffenfarbe der Panzertruppe. Das Schneidern solchartiger Uniformen wurde nach Kriegsausbruch auf entsprechende Anweisung eingestellt. Wer schon eine solche Uniform besaß, durfte sie weiterhin als Ausgehanzug oder zu geeignetem Anlaß, wie beispielsweise zur Hochzeit oder bei anderen formellen Veranstaltungen, tragen. Vor Kriegsausbruch war dies der „große Gesellschaftsanzug", der von den Offizieren aller Waffengattungen in dieser Art als offizielle Dienstuniform zu Dienstanlässen und zu anderen Zwecken zu tragen war. Der Waffenrock war im Grundmodell identisch mit dem des Unteroffizierskorps. Jedoch gab es Unterschiede hinsichtlich der silberfarbenen Abzeichen und der dienstgradanzeigenden Elemente, wozu beispielsweise das Achselband und der Gürtel gehörten. Die hier abgebildete Uniform ist ein Beispiel für die hohe Qualität und das Können, das beim Zuschneidern zur Anwendung kam. Der Waffenrock ist aus feinem feldgrauen Trikot geschneidert und hat keine Außentaschen. Der Uniformrock hat vorne 8 silberfarbige gekörnte Knöpfe und zwei Paar Haken und Ösen am Kragen. Der Kragen und die Ärmel bestehen aus dunkelgrünem Abzeichenstoff. Die Vorstöße sind – wie der Jackenabschluß an der linken Vorderseite – in der Waffenfarbe der Panzertruppe rosa. Hinten an der Jacke befinden sich durch jeweils 3 vertikale Knöpfe verschlossen, zwei verzierte Klappen für die eingearbeiteten Schlitztaschen. Die obersten zwei Knöpfe dienen gleichzeitig als Gürtelhalterung. Das Innenfutter der Jacke besteht aus grauem Satin und das Innenfutter der Ärmel aus Baumwolle mit Streifenmuster. Auf der linken Brustseite befindet sich eine Innentasche und der übliche eingearbeitete Hüftgürtel, um die Weite individuell einstellen zu können. In jeder Achselhöhle ist ein Schweißpolster eingearbeitet, um Schweißflecke zu verhindern. Das Schneideretikett innen im Nacken der Jacke lautet auf „Karl Werner Meiningen".

Die Kragenpatten zeigen die fein gearbeiteten Doppellitzen, die auf dem in der Waffenfarbe der Panzertruppen in rosa gehaltenem Trägermaterial aufgestickt sind. Die Patten an den sogenannten Schwedenärmeln sind ähnlich gestaltet, allerdings als Einzellitze, auf denen ein Knopf angebracht ist. Der Hoheitsadler auf der Brust ist auf dem grünfarbigen Trägermaterial von Hand aufgestickt und in ziemlich mittelmäßiger Art auf die Uniform genäht. Die Schulterklappen zeigen den Dienstrang eines Majors an. Auf dem rosafarbenen Trägermaterial ist das silberfarbene Abzeichengeflecht aufgelegt.

Der Stahlhelm M 35 wurde bei Paraden getragen. Die meisten Offiziere trugen den gewöhnlichen Stahlhelm. Manche trugen auch kopierte Helme, die aus leichterem Material gefertigt waren. Dafür wurde vor allem Vulkanfiber oder Aluminium verwendet. Diese Leichtgewichtshelme wurden von allen führenden Hutmachern angeboten. Die Reitstiefel und Schaftstiefel wurden zusammen mit dem Waffenrock bei feierlichen Paraden getragen. Zu anderen Anlässen, die nicht offiziell oder dienstlich waren, wurden Halbschuhe und dazu gerade zugeschnittene Hosen getragen. Die Hosen hatten an der Außenseite der Hosenbeine einen Zierstreifen in der Waffenfarbe. Die anderen Teile der Uniform wurden dann ebenfalls verwendet, wie z.B. das formelle Koppel und das Offiziersachselband. Der Gürtel wurde 1937 eingeführt und bestand aus silberfarbigem Brokat mit zwei darin eingearbeiteten horizontal verlaufenden grünen Streifen. Die erhaben geprägte runde Gürtelschließe ist aus Weißmetall und zeigt den Wehrmachtsadler im Ehrenkranz. Das Achselband ersetzte im Juni 1935 das entsprechende Stück aus der Zeit der Reichswehr. Es hatte rein dekorativen Charakter und wurde zum Paradeanzug und zum Ausgehanzug von allen Offizieren und von den Wehrmachtsbeamten im Offiziersrang verwendet. Das Achselband bestand aus silberfarbigen Schnüren, die miteinander verbunden und geflochten ein Gehänge ergaben. Getragen wurde es auf der rechten Seite am Oberkörper, wobei es an einem Knopf unter dem rechten Schulterstück und auf der Brust am zweiten Knopf der Knopfleiste innen befestigt war. Das Achselband war für Offiziere silbern, für Generale goldfarbig. Es war nicht erlaubt, zu dem Gürtel des Paradeanzuges einen Offiziersdolch zu tragen. Der Offizierssäbel gehörte aber zwingend zum Paradeanzug dazu. Er wurde in einem innen an der Hüfte verdeckt angebrachten Gürtel getragen oder war mit einer Schnalle aus Nickel in einen Schulterriemen eingehängt, wodurch die Säbelscheide eine waagerechte Position erhielt. Am Säbel selbst waren dafür zwei verschiedene Einhängevorrichtungen angebracht, die sowohl eine horizontale als auch waagerechte Tragweise ermöglichten.

Links außen:
Der deutsche Stahlhelm M 35. Er wurde 1935 eingeführt und ersetzte den im Jahre 1916 inmitten des Ersten Weltkriegs eingeführten Stahlhelm. Jedoch wurde die alte Version auch über das Jahr 1935 hinaus noch verwendet. Vor dem Krieg zeigten alle Helme zwei Embleme. Auf der rechten Helmseite waren die Nationalfarben (schwarz-weiß-rot) aufgebracht, auf der linken Seite war der silbergraue Wehrmachtsadler auf schwarzem Grund dargestellt. Beide Embleme hatten die Form eines Schildes.

Rechts oben:
Der Innenhelm M 31 aus Leder. Er war über ein Zugband verstellbar und ermöglichte das Einstellen auf die für den Träger notwendige Kopfgröße. Er war an einem Aluminiumring befestigt, der wiederum mit drei kleinen Bolzen am Helm festgemacht war. Man beachte die Befestigung des Kinnriemens, der aus geschwärztem Leder bestand

Links:
Der vollständige Waffenrock. Man beachte die Aussparungen auf der linken Brustseite, sie waren für das Anbringen von Abzeichen und Ordensbändern vorgesehen, ohne den Stoff mit der Nadel des Abzeichens durchstechen zu müssen. Diese Aussparungen waren sehr oft und an allen Arten von Uniformjacken eingearbeitet.

Rechts:
Alle Abzeichen sind aus feinem hellen Metallfaden gestickt. Die Litzen und Schulterstücke sind rosa, der Waffenfarbe der Panzertruppe, unterlegt. Sehr gut zu erkennen ist, wie das Achselband getragen wurde. Bei den Offizieren aller Waffengattungen unterhalb des Generalranges war dies die einheitliche Trageweise.

Rechts:
Der Uniformgürtel wurde meistens in einem runden Pappkarton zusammen mit dem Achselband aufbewahrt. Der hier abgebildete Gürtel trägt auf der Rückseite ein gewobenes Etikett des Herstellers „Franz Sprangemacher Oldenburg". Die Schließe hat links und rechts jeweils eine Schlaufe, die auch aus Brokat gefertigt ist, sowie rechteckige Halterungen, die als Verschluß und Befestigung für die Haken hinter der Schließe dienen. Die Unterseite des Gürtels besteht aus Stoff. Damit soll ein Verrutschen des Gürtels verhindert werden.

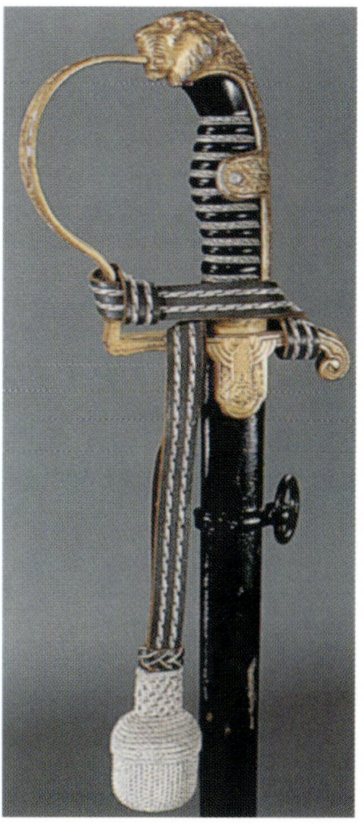

Oben:
Der Säbel ist typisch für die Vielfalt der verwendeten Versionen, die von unzähligen Herstellern angeboten wurden. Die Löwenkopfmontur mit roten Rubin-Augen am Griffknauf und die besondere Darstellung des Adlers sind charakteristisch für dieses Modell, das von der renommierten Solinger Firma Eikhorn hergestellt wurde. Das Schwert trägt deshalb auch den Herstellernamen und ein Eichhörnchen als Markenzeichen.

(3) Infanterieoffizier, weißer Dienstrock für Sommer, Deutschland 1938-1939

Der „weiße Rock für Offiziere, neuerer Vorschrift" war ein Bekleidungsgegenstand, den es nur für Offiziere gab. Er wurde im Juli 1937 eingeführt und ersetzte die alte Sommerversion des Reichsheeres. Die Bekleidungsvorschrift sagte aus, daß er nur zwischen dem 1. April und dem 30. September getragen werden durfte. Die Uniform konnte als Ausgehanzug, bei Funktionen in der Offiziersmesse, zu zivilen Zusammenkünften und Anlässen und bei Sportveranstaltungen getragen werden.

Das verwendete Stoffmaterial war weißes Leinen, er hatte Schulterstücke auf den Schultern und den Hoheitsadler auf der Brust, aber die Vorschriften verboten die Anbringung von Kragenpatten. Alle Abzeichen und Knöpfe konnten abgenommen werden, um das Kleidungsstück auf herkömmliche Weise zu reinigen. Zum Waffenrock wurde die Tuchhose mit den Zierstreifen an den Hosenbeinen sowie entweder Halbschuhe, Reitstiefel oder Schaftstiefel getragen. Eine weiße Hose gab es nicht. Als Kopfbedeckung diente die Schirmmütze. Orden und Auszeichnungen konnten angelegt werden, ebenso zu bestimmten offiziellen und formellen Anlässen der Offiziersdolch. Eine Auskleide- oder Aufbrauchbestimmung für diesen Uniformrock gab es nie, und so wurde er auch während des Krieges von vielen Offizieren verwendet. Im Feld wurde er allerdings nicht getragen.

Der weiße Waffenrock wurde nach dem selben Modell geschnitten wie der normale Dienstrock. Der Stoff variierte von Baumwolle in Waffelstruktur bis zum leicht gerippten Twill. Die 4 aufgesetzten Klappentaschen an Brust und Seite haben eine dreifach geschweifte Taschenpatte. Die insgesamt 8 Knöpfe vorne an der Knopfleiste am Rock sind die standardmäßig verwendeten silberfarbenen 19 mm-Knöpfe mit gekörnter Oberfläche. Sie sind nicht festgenäht, sondern ausknöpfbar und deshalb leicht zu entfernen. Der Rückenteil ist in traditioneller Art mit den über dem Rücken bis auf Hüfthöhe verlaufenden Saumnähten gestaltet. Dort befinden sich 2 herausknöpfbare Knöpfe. Der Rock ist eng anliegend und leicht auf Taille geschneidert. Ein Innenfutter ist nicht vorhanden. Im Unterschied zum weißen Rock der Reichswehr hat der Uniformrock anstelle eines Stehkragens einen Flachkragen.

Der an dieser weißen Jacke verwendete Hoheitsadler war aus Aluminium geprägt und mit einer auf der Rückseite des Abzeichens horizontal angebrachten Nadel und Öse an der Jacke in den vorbereiteten Aussparungen eingehängt. Manche der Hoheitsabzeichen hatten hinter dem Hakenkreuz noch eine weitere vertikale Nadel. Damit konnte das Emblem zusätzlich gesichert werden. Das Schulterabzeichen war durch ein festes schmales Gewebestück in Form eines T am äußeren Ende verstärkt und damit in den Schultersaum eingenäht. Das Verschieben und Verrutschen des Schulterstückes sollte dadurch verhindert werden und das Schulterstück in dem dünnen Stoff einen besseren Halt haben. Das andere Ende des Schulterstückes ist wie üblich mit einem Knopf auf der Schulter befestigt. Die abgebildeten Schulterklappen stammen aus der Vorkriegszeit. Sie sind aus matt-aluminiumfarbenen Plattschnüren und haben eine überstehende Unterlagen in der Waffenfarbe der Infanterie. Auf dem Schulterstück angebracht ist ein goldfarbener Stern. Der Träger hat den Dienstgrad eines Oberleutnants. Die angelegte Achselschnur bedeutet, daß es sich um einen Adjutanten handelt.

Die Kopfbedeckung ist die Schirmmütze von 1935. Das Vorgängermodell hatte einen feldgrauen Besatz. Für den Deckel konnten die unterschiedlichsten Materialien verwendet werden. Die Qualität hing sehr mit den Herstellkosten zusammen. Es gab solche, die aus Trikot und harter Wolle gefertigt waren und wegen des Wollmaterials als „Eskimo" bezeichnet wurden. Auch wird der Sammler feststellen, daß es die unterschiedlichsten Farbtöne von Feldgrau bis Feldgrün gab. Der Besatz besteht aus dunkelgrünem Abzeichenstoff. Die Vorstöße sind Infanterieweiß. Der schwarze Schirm besteht aus Vulkanfiber. Innen hat die Mütze eine bronzefarbige Seidenauskleidung. Das Schweißschild ist bedruckt mit dem Markennamen des Herstellers, in diesem Fall „Erel" aus Berlin. Bekanntermaßen handelt es sich bei Erel um eine der besten Mützenfabrikationen. Das Schweißband ist aus dünnem beigefarbigem Leder und hat eine kleine Schleife am Saum der Bandenden. Die zweifache silberne Mützenkordel lag immer über dem Schirm und war auf jeder Seite mit einem 12 mm gekörnten Knopf befestigt. Das Hoheitsabzeichen ist aus silberfarbigem Leichtmetall geprägt. Die Reichskokarde mit Eichenlaubkranz ist aus Metallfäden gewoben. Dies war eine allgemein übliche Materialkombination. Bei dem Totenkopfabzeichen, das zwischen Hoheitsadler und Wehrmachtssymbol zu sehen ist, handelt es sich um ein Traditionsabzeichen und um eine Besonderheit des 17. Infanterieregiments, dem „Brunswick Totenkopf". Es wurde von den Soldaten aller Dienstgrade dieser Einheit getragen.

Die Tuchhose, die hier getragen wird, ist in steingrauer Farbe und hat an den äußeren Seiten der Hosenbeine einen Zierstreifen in der weißen Waffenfarbe der Infanterie. Die Hosenbeine sind von geradem Schnitt. Die Hose hat drei Hosentaschen: zwei vorne und eine rechts hinten.

Der Offiziersdolch wurde im Mai 1935 zur Verwendung in der Truppe freigegeben. Ab September 1944 war es aber nicht mehr erlaubt, ihn zu tragen. Nach persönlichem Geschmack konnte der Dolchgriff orange, gelb, weiß und gelegentlich elfenbeinfarbig sein. Er konnte in der entsprechenden Farbe gekauft werden.

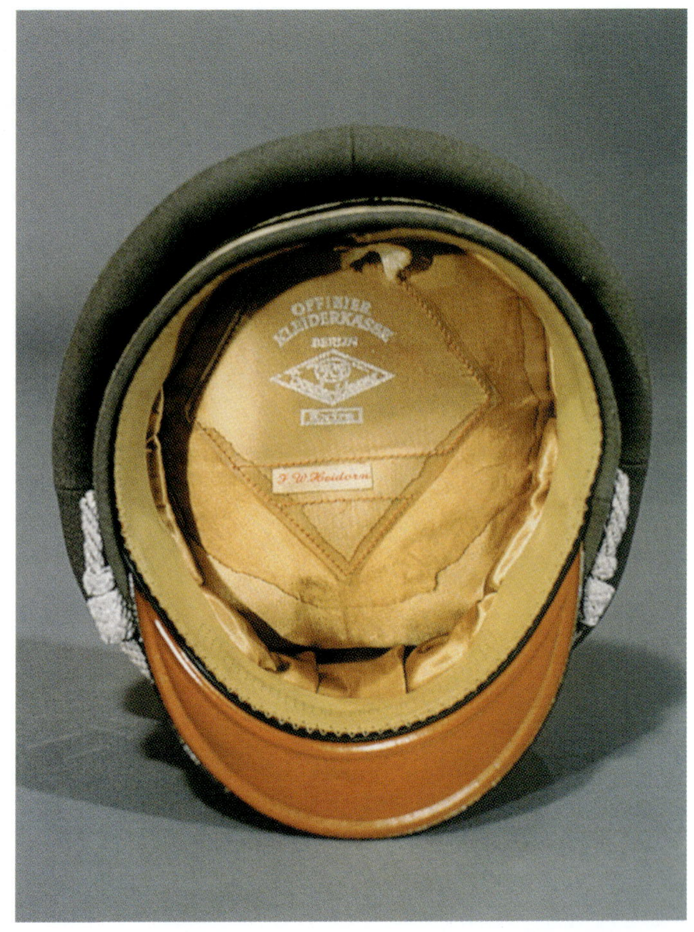

Oben:
Eine solche Schirmmütze war Standard für Offiziere während der Kriegsjahre. Die farbigen Vorstöße am Besatz und am Deckel waren in der Waffenfarbe. Das an der hier dargestellten Schirmmütze angebrachte Totenkopfabzeichen war eine Besonderheit des 17. Infanterieregiments, entsprechend dem alten 92. Brunswicker Infanterieregiment der Kaiserzeit, das sich in einer Reihe mit den „Schwarzen Brunswickern" und deren Totenkopfabzeichen aus der Zeit der Napoleonischen Kriege sah.

Oben rechts:
Die qualitativ sehr hochwertige Mützenauskleidung macht dem Markennamen „Erel" alle Ehre. Der Name des Herstellers ist auf das Schweißschild gedruckt. Man beachte das Namensschild des Eigentümers, das in ein in den Schweißschutz eingenähtes Fach eingeschoben ist.

Rechts:
Der Schnitt des weißen Sommerrockes („Weißer Rock für Offiziere, neuerer Vorschrift") ist äußerlich fast identisch mit dem der Offiziersdienstjacke. Sie ist allerdings ohne Innenfutter und eng auf Hüfte geschnitten.

Gegenüberliegende Seite, links unten:
Einzelheiten der Abzeichen, die an der Jacke getragen wurden, sind: angehefteter Hoheitsadler und abnehmbare Schulterstücke. Es war nicht zulässig, an diese Jacke Kragenpatten anzubringen. Allerdings gab es Offiziere im Generalsrang, die von dem ihnen zustehenden Recht, Kragenpatten zu tragen, hier gebrauch machten. Man beachte die Art, wie das Achselband für Adjutanten (Adjutantenschnüre) getragen wird. Dieses Achselband unterscheidet sich in Gestaltung und Tragweise von den zuvor dargestellten Achselbändern für Offiziere und Wehrmachtsbeamte, die bei Paraden zur Paradeuniform verwendet wurden.

Gegenüberliegende Seite, oben:
Das Innenleben der Sommerjacke: keinerlei Innenfutter, an beiden Schultereinsätzen eingenähter Verstärkungsstoff in feldgrauer Farbe, Gegenstücke für die herausknöpfbaren Schulterstück-Knöpfe.

Gegenüberliegende Seite, rechts unten:
Der Offiziersdolch wurde mit seinen Tragebändern aus Aluminiumtresse an einem in der Jacke eingearbeiteten Einhängeband mit einem karabinerhakenartigen Klipp befestigt. Man beachte die Weise, wie das Dolchportepee aus hellem Aluminiumgespinst und Aluminiumdrahtgimpe um den Offiziersdolch geschlungen ist. Der Dolch wurde zum Dienstanzug und zur Dienstuniform getragen.

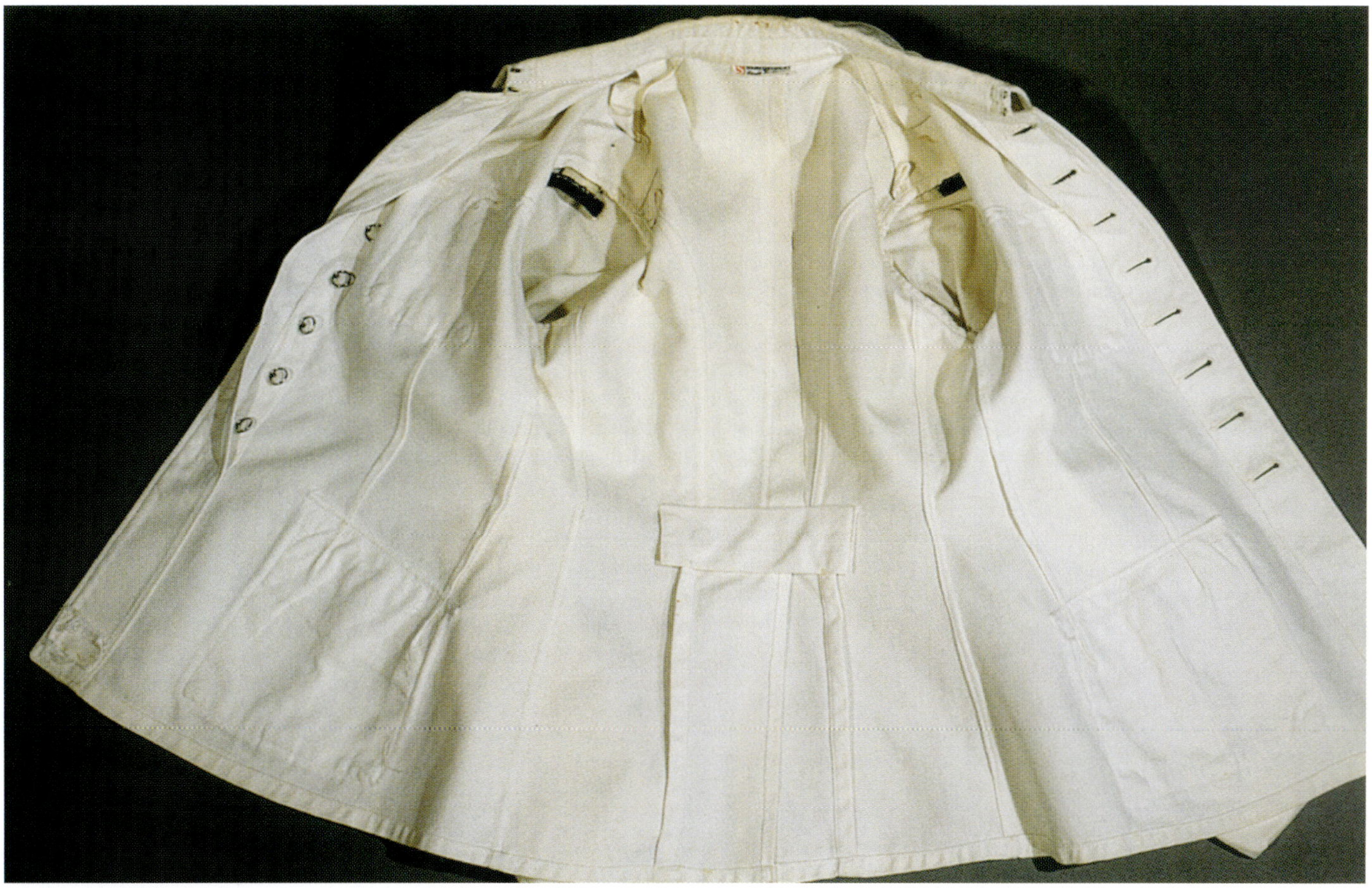

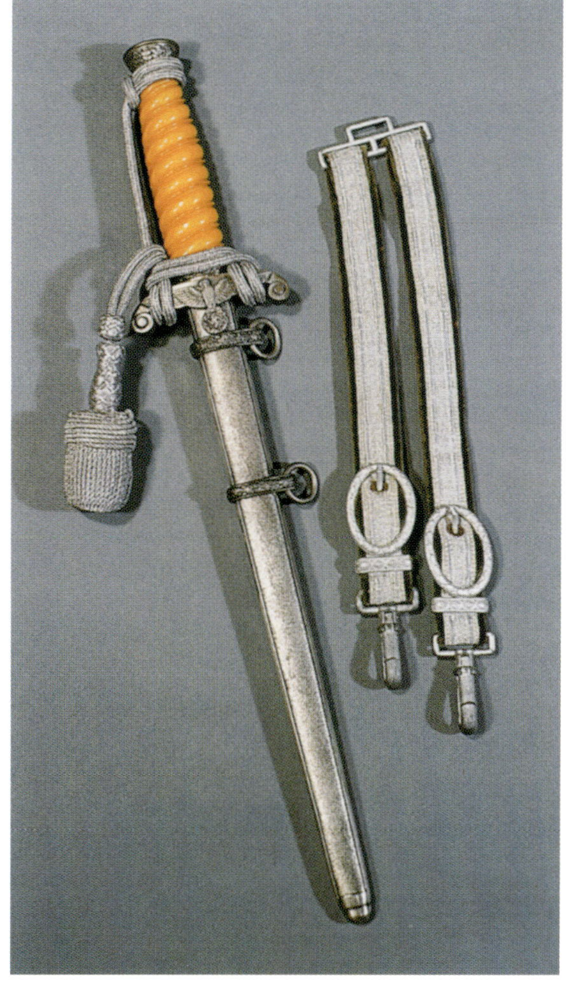

(4) **Infanterist, Drillichanzug, Deutschland 1934-1940**

Der Drillichanzug wurde an alle Soldaten bei Eintritt in die Wehrmacht ausgegeben. Eingeführt wurde er im April 1933. Er bestand aus einer cremefarbenen oder naturweißen Jacke und Hose. Der Anzug wurde bei Feldübungen, zum Drill, bei Übungsarbeiten, zu allen möglichen Arbeitszwecken, bei der Waffenausbildung und Waffenreinigung, bei der Fahrzeugwartung und bei Arbeiten getragen, bei denen die Dienstuniform beschädigt oder verschmutzt werden konnte. Durch die helle Stofffarbe waren Verschmutzungen und Abnutzungen allerdings gut sichtbar. Während der Entwicklung der Ereignisse in den 30er Jahren wurde der Stoff durch einen feldgrauen ersetzt, der pflegeleichter war. Dies wurde 1938 gestoppt, und zeitgleich mit dem Ausbruch des Zweiten Weltkrieges wurde 1940 auf einen schilfgrünen Farbton umgestellt. Als dieser für die tägliche Arbeit viel praktischere Farbton in die Truppe kam, fand der Arbeitsanzug schnell großes Gefallen und Zustimmung bei den Fronttruppen, und wurde dort gerne als nichtoffizieller Feldanzug während der heißen Jahreszeit getragen. An den weißen Drillichjacken waren nur Rangabzeichen für Unteroffiziere und andere Ranggruppen angebracht. Sie wurden am Oberarm getragen. Es gab keinen Hoheitsadler auf der Brust und keine Schulterstücke. Im Widerspruch zu den Bekleidungsvorschriften wurden am schilfgrünen Arbeitsanzug bei der Verwendung an der Front entsprechende Abzeichen angebracht. So entstand der schilfgrüne Drillich-Felddienstanzug. Nähere Ausführungen hierzu sind dem Kapitel 16 in diesem Buch zu entnehmen.

Der Drillichanzug war aus ungebleichtem Leinen geschneidert, die Struktur des Gewebes wurde als „Heringsgräten-Muster" bezeichnet. Die naturweiße Farbe war durch das häufige Tragen und durch das viele Waschen schnell in Mitleidenschaft gezogen. Viele verschiedene Farbtöne entwickelten sich und waren in Umlauf. Die Jacke war weit geschnitten und hatte keine Brusttaschen. Die Knopfleiste hatte 5 ausknöpfbare Knöpfe, die auf der Rückseite der Knopfleiste mit S-förmigen Splinten befestigt waren. Die beiden Seitentaschen verfügen über keine Taschenklappen. Das einzige Abzeichen, das an der Drillichjacke am linken Oberarm getragen wurde, war ein auf einer Drillichunterlage aufgewobenes graues Dienstgradabzeichen für entsprechende Ranggruppen.

Die Drillichhosen waren aus dem gleichen Material hergestellt. Sie sind in der Form gerade und weit hüfthoch geschnitten. Durch einen Schnallgurt auf der Rückseite wird die Paßgenauigkeit individuell eingestellt. An der Seitennaht jedes Hosenbeines sind zwei offene Taschen angebracht. Außerdem ein zuknöpfbarer Hosenschlitz und auf der rechten Seite eine kleine Uhrentasche. Die abnehmbaren Knöpfe an der Jacke sind aus Metall, die Hosenträger- und Hosenschlitzknöpfe sind aus Leichtmetall.

Die schwarzledernen Marschstiefel waren das wohl traditionellste und markanteste Teil der Bekleidung des deutschen Soldaten. Das Leder und die Verarbeitung bei der Herstellung waren von höchster Qualität. Die Sohlenbenagelung bestand aus 35 bis 45 Nägeln, dies war abhängig von der Größe. Die Stiefel hatten eine Brandsohle, Absatzeisen und eine eiserne Stoßplatte an den Zehen.

Der abgebildete Soldat trägt einen Drillichanzug mit dem Schiffchen (Feldmütze M 34) als Kopfbedeckung und reinigt gerade den Lauf seines Karabiners 98k im Kaliber 7,92 x 57 mm mit der Putzkette. Dieses Schlagbolzengewehr wurde 1934 eingeführt und war während der ganzen Zeit die Standardwaffe in der gesamten Wehrmacht. Der Karabiner von Mauser hatte einige technische Veränderungen in den bis ins 19. Jahrhundert zurückgehenden Jahren durchlaufen, aber das Magazin faßte nach wie vor 5 Patronen. Der Soldat trägt am Koppel einige Ausrüstungsgegenstände für einfachere Übungszwecke. Das neue Koppelschloß wurde 1936 eingeführt und löste das bis dahin übliche Koppelschloß der Reichswehr ab. Das Koppelschloß zeigt den erhaben geprägten Hoheitsadler der Wehrmacht mit angelegten Flügeln und das Hakenkreuz. Umrahmt war die in einem Rund befindliche Darstellung von Eichenlaub und dem Satz „GOTT MIT UNS" in Großbuchstaben. Außerhalb der Darstellung hat das Koppel eine gekörnte Oberfläche. Der schwarzlederne Riemen ist 4,5 cm breit und hat rückseitig auf der einen Seite eine Einhakmöglichkeit und auf der anderen Seite eine Lederzunge. Das Schloß ist mit einer Dornschnalle am Riemen befestigt. Das andere Ende des Riemens ist in einen flachen eckigen Rahmen in die Anpaßlöcher eingehakt. Die schwarzledernen Patronentaschen für den Karabiner 98k waren dreifach, wobei zu jeder Ausrüstung immer zwei dieser Dreierpaare gehörten. Sie faßten insgesamt 60 Patronen. Rückwärtige Einheiten führten manchmal lediglich einen Satz Patronentaschen mit sich. Die Patronentaschen waren mit 2 Gürtelschlaufen am Koppel befestigt und konnten mit einem oben angebrachten D-Ring am Koppeltragegestell gesichert werden. Der Deckel der Patronentasche wird mit einem eingelassenen Stift und einer Lasche verschlossen. Ein Mauser S 84/98 Seitengewehr in schwarzlederner Seitengewehrtasche ist am Koppel befestigt. An den hölzernen Griffschalen des Seitengewehrs ist erkennbar, daß es aus einer frühzeitigen Produktion stammt. Spätere Modelle waren oben auf Höhe des Griffs mit einem Sicherungssteg an der Seitengewehrtasche versehen, damit das Herausrutschen verhindert wurde.

In allen Erinnerungen aus dem Zweiten Weltkrieg geht als besonders beeindruckendes Detail immer hervor, daß jeder Soldat eine Gasmaske hatte. Die Gasmaske M 38 war in einem verschlossenen Metallzylinder untergebracht, der sogenannten Gasmaskentragebüchse. Sie war an Segeltuchriemen befestigt und konnte so um den Oberkörper hängend getragen werden. Zusätzlich wurde sie noch mit einem Haken am Koppelriemen befestigt. (Siehe hierzu Seite 120-121)

Links:
Die einfache und schmucklose Gestaltung der Jacke des Drillichanzuges ist üblich für diese Art der Dienstkleidung. Im 19. Jahrhundert waren viele Armeen im kontinentalen Europa mit Arbeitskleidung aus Segeltuch ausgerüstet. Die einzige Verzierung ist das Rangabzeichen, das auf dem linken Oberarm aufgenäht ist. Hier handelt es sich um den Stern eines Oberschützen oder Obergefreiten. Diese Jacke ist in sehr gutem Zustand, bei anderen Exemplaren haben sich durch das häufige Waschen unterschiedliche Farbtöne ergeben.

Unten:
Die Innenseite der Drillichjacke: Sie hat kein Innenfutter, das gilt auch für die Drillichhose. Die Jacke läßt sich mit Hilfe der grauen Zugbänder in der Weite verstellen. Die Splinte für die herausknöpfbaren fünf Knöpfe sind unter der rechten Stoffleiste versteckt.

Mitte:
Die Jacke ist gestempelt mit „Kleiderfabrik Seifhennersdorf" und „E 40", das für „Erfurt 1940" steht. Die Hosen sind mit „M. A. Petersen" als Hersteller gestempelt. Der Standort der Fabrik ist im Stempelaufdruck nicht entzifferbar.

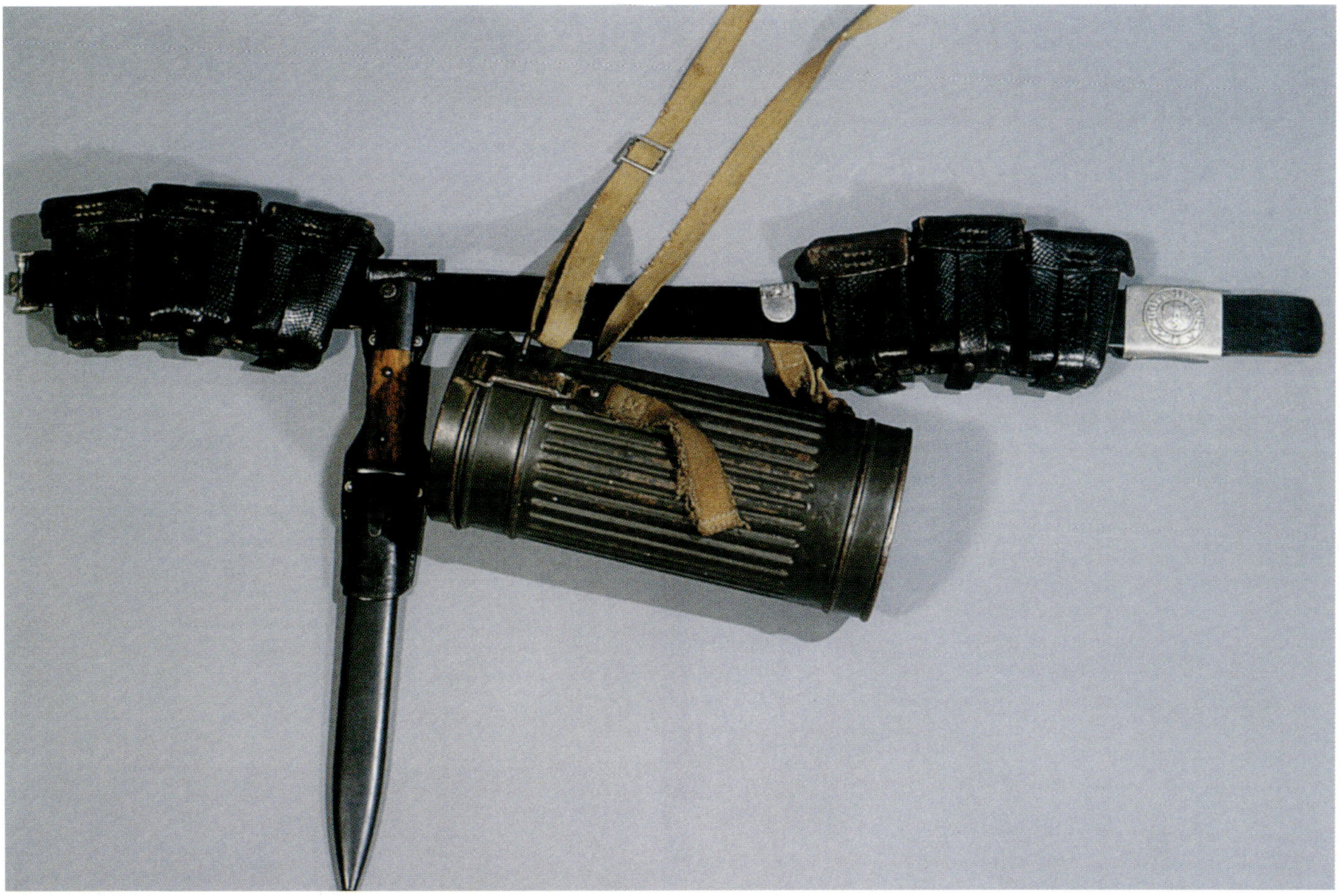

Ganz oben:
Die leichte Bestückung und Anordnung am Leibriemen: Koppelschloß M 36, zwei schwarzlederne Paar dreifache Patronentaschen Modell 1911 mit genarbter Oberfläche für die Gewehrmunition, das Seitengewehr S 84/98 zum Karabiner 98k mit schwarzem Ledersteg, Gasmaske M 38 in der Gasmaskentragebüchse.

Oben links:
Das Koppelschloß des Heeres, das im Januar 1936 in die Truppe eingeführt wurde, war für alle Heeressoldaten Standardausrüstung. Offiziere trugen dieses Koppel nicht. Es wurde vom Aluminium bis zum Stahl die verschiedensten Materialien verwendet. Auch die Ausführungen der verschiedenen Hersteller waren sehr unterschiedlich.

Oben rechts:
„Knobelbecher" – die üblichen deutschen Marschstiefel und Dienststiefel, die während des ganzen Krieges von denen, die sie erhalten konnten, getragen wurden. Von 1940 an wurde offiziell auf halbhohe Schnürstiefel in der Absicht umgestellt, Leder einzusparen.

(5) Artillerieoffizier, Feldmantel, Polen 1939

Der Feldmantel wurde 1933 eingeführt und war als Wintermantel vorgesehen. Für alle Dienstgrade einschließlich der Offiziere galt das selbe Grundmuster. Die einzigen Unterschiede bestanden in der Stoffqualität und in einigen Nebensächlichkeiten. Der Dienstgrad des Trägers und die Waffengattung, der er angehörte, waren an den Schulterklappen abzulesen, so wie dies auch an den anderen Uniformjacken der Fall war. Der weite 9 cm breite Kragen war zunächst aus dem gleichen Stoff wie der Mantel aus der Zeit des Reichsheeres. Der Kragen wurde ab September 1935 verändert und war dann in dunkelgrüner Farbe.

Der Feldmantel wurde, wenn die Witterung es erforderte, zu allen Anlässen getragen: im Übungsalltag und bei der Parade. Der Vorkriegsmantel war bei entsprechendem Schneider von sehr guter Qualität und reichte bis hin zur weniger guten Qualität, wenn es ein Stück aus Serienproduktion war. Während der Kriegsjahre herrschte zunehmend Mangel an qualitativ hochwertigem Wollstoff. Er wurde gezwungenermaßen in immer stärkerem Umfang durch andere Materialien ersetzt. Im Anfangsstadium des Krieges – also bevor Deutschland mit den extremen Minustemperaturen an der Ostfront konfrontiert wurde – war der Feldmantel eine angemessene und vollwertige Winterbekleidung.

Der zweireihig gearbeitete Mantel war aus grau-grünem Wollstoff. Der Mantel hatte zwei Reihen mit je sechs Knöpfen und läßt sich mit sechs am rechten Vorderteil angebrachten Knöpfen an denen das linke Vorderteil mit den Knöpflöchern festgeknöpft wird, schließen. Innen an der Knopfleiste ist ein einzelnes Knopfloch, das dazu dient, den Mantel an der Hüfte sicher zu verschließen. Links und rechts auf Hüfthöhe sind zwei schräg eingesetzte Taschen mit Patten. An den Ärmeln befinden sich 23 cm hohe sogenannte französische Ärmelaufschläge (Version für Offiziere). An der Mantelrückseite auf Hüfthöhe ist ein Halbgürtel mit zwei Knöpfen und Knopflöchern angesetzt. Eine Dehnfalte verläuft am Rücken mittig vom Kragen bis zum Saumrand des Mantels. An den Ausgehmänteln war sie zusammengenäht, an den Feldmänteln aber offen. Von der Hüfte abwärts ist eine Knopfleiste angebracht. Der Mantel konnte in diesem Bereich mit vier Hornknöpfen geschlossen werden. Die geöffneten Knöpfe boten dem Träger größere Bewegungsfreiheit. Am Kragen befindet sich ein Haken-Ösen-Verschluß. Unter dem linken Kragen ist mit zwei Knöpfen ein Stoffsteg und unter dem linken Kragen ein Knopf angebracht. Der hochgestellte Kragen kann damit festgeknöpft werden. Bei schlechtem Wetter bot dieser rundum hochgestellte Kragen die Möglichkeit, den Bereich von Hals, Nacken und Kinn zu schützen.

Das Innenfutter besteht aus grauer gerippter Baumwolle und ist ab der Hüfte aufwärts sowie in den Ärmeln eingenäht. Eingearbeitet ist eine linke Brusttasche. An jeder Hüftseite sind zwei kleine Öffnungen eingelassen, durch die die Haltehaken für den Gürtel durchgeführt werden konnten. Auf der linken Seite befindet sich ein Band mit Karabinerhaken, der unter die linke Taschenpatte gesteckt wird und in den die Tragevorrichtung für den Offiziersäbel oder den Offiziersdolch eingehängt werden konnte; also für beide Ehrenwaffen geeignet ist. In der linken Tasche war eine verdeckte Öffnung für diese Einhängevorrichtung. Der Kleidungsstempel nennt, allerdings unleserlich, einen Hersteller in Stettin und trägt als Datum das Jahr 1939. Die Schulterstücke eines Leutnants sind für diese Zeit noch typischerweise eingenäht und mit der roten Farbe der Artillerie als Basismaterial unterlegt. Die Regimentsnummer „284“ ist in goldfarbenen Metallzahlen aufgelegt.

Die Schirmmütze hat einen Deckel aus feldgrauem Trikotstoff, was das dafür übliche Material war. Um den Deckel und um das dunkelgrüne Besatzband der Mütze verlaufen die roten Vorstöße in Artilleriefarbe. Der Adler und der Eichenlaubkranz sind erhaben geprägt und silberfarbig legiert. Ganz am Anfang wurden diese Abzeichen aus Silber geprägt. Dies wurde allerdings Ende 1935 eingestellt. Die gewobenen hell-aluminiumfarbigen Kordeln sind mit zwei kleinen gekörnten Knöpfen an der Schirmmütze rechts und links befestigt. Der Mützenschirm ist aus Vulkanfiber und schwarz lackiert, um ihm einen zusätzlichen Glanz zu geben. Die Mützenauskleidung besteht aus grauer gerippter Kunstseide. Das Schweißband ist aus beigem Leder. Das Schweißschild ist markiert mit „Original Schellenburg Stirndruckfrei Sonderklasse“ und zeigt das Markenzeichen des Herstellers. Der Ausdruck „stirndruckfrei“ bezeichnet eine Methode, um den Druck auf die Stirn zu verhindern. Dies wird durch ein Gummiband erreicht, das vorne an das Schweißband angeklebt wird.

Der Offizier trägt den Leibriemen M 34. Der Gürtel war 5 cm breit und von bräunlicher Farbe. Erlaubt waren auch Variationen des Gürtels, die breiter und andersfarbig waren. Die aus hellem Metall hergestellte Zweidornschnalle ist rechteckig. Die Oberfläche des Gürtels aus Rindsleder ist leicht gekörnt. Eigentlich wurde mit dem Gürtel auch rechts ein Schulterriemen getragen, der das Gewicht der links am Gürtel getragenen Waffe abfangen sollte. Dieser Schulterriemen wurde im September 1939 offiziell entfernt. Der Leutnant trägt eine Pistolentasche für die halbautomatische Luger 08. Sie war die offizielle Dienstpistole. Die Produktion wurde 1943 zugunsten der Walther P 38 eingestellt. Außerdem ist am Dienstgürtel eine der vielen unterschiedlichen im Diensteinsatz verwendeten Kartentaschen M 35 zu sehen. Eine der üblichen Taschenlampen ist an einem der Knöpfe an der Frontleiste des Mantels befestigt. In der Hand hält er eine Dienstmütze der polnischen Armee.

Rechts:
Den grauen, gerippten Trikotstoff, der bei dieser Schirmmütze verwendet wurde, findet man bei vielen Unteroffiziers- und unteren Offiziersdienstgraden wieder. Man beachte, daß an diesem Mützenbeispiel beide Abzeichen aus hellem, geprägtem und legiertem Metall sind.

Rechts unten:
Graue Kunstseide wurde bei der Auskleidung des Mützeninnern verwendet. Unüblich ist der Wechsel zu feldgrauem Material rundum an den Seiten. Einzelheiten über den Hersteller gibt der Aufdruck auf dem Schweißschild preis. Beachtenswert ist auch die erkennbare Perforation zu Ventilationszwecken am Schweißband.

Links:
Dies ist die erste Version des Feldmantels, der in der deutschen Wehrmacht bis in die Kriegsjahre hinein getragen wurde. Erkennbar ist dies an dem dunkelgrünen Kragen aus Abzeichentuch. Die Verarbeitungsqualität und die Qualität des verwendeten Materials ist sehr hoch.

Gegenüberliegende Seite, oben:
Von der Hüfte aufwärts ist der Mantel mit Innenfutter versehen. Man beachte die hängenden Taschensäcke in Höhe der Hüfte, die Innentasche auf der linken Brustseite und die Öffnungen zum Durchführen der Gürtelhaken sowie das innen befestigte Einhängeband mit Karabinerhaken für den Offiziersdolch, das durch die Tasche geführt wird. Außerdem zu beachten sind die kleinen Knöpfe, um den rückwärtigen Mantelschlitz zu verschließen.

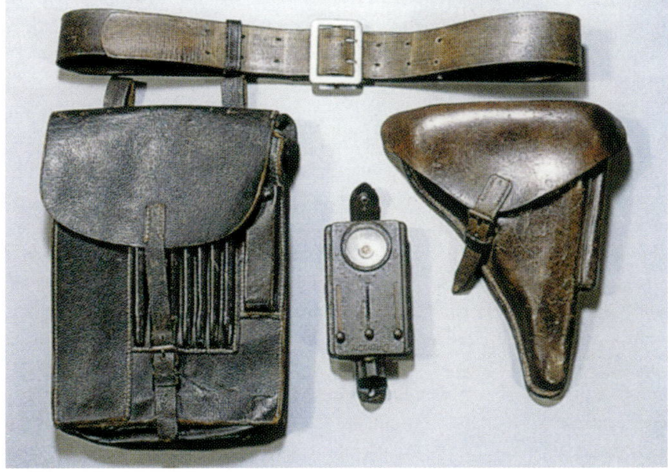

Links:
Die Offiziersreitstiefel hatten einen längeren und festeren Schaft als die Marschstiefel oder Knobelbecher. Sie waren normalerweise vom Fußgelenk an aufwärts versteift. Manche Stiefel hatten, so wie diese hier, Absatzeisen.

Oben:
Der Offiziersdienstgürtel M 34. Die Pistolentasche für die Pistole Luger P 08. Die von den unterschiedlichen Herstellern in verschiedenen Variationen hergestellte Kartentasche, hier in genarbter schwarzlederner Oberfläche und mit Stempelung „nka 39" als Herstellungszeichen. Eine Daimon-Batterietaschenlampe mit Knopflochsteg, um sie an der Uniform an einem Knopf befestigen zu können. Verschiedene Glasplättchen in den Farben rot, grün oder blau können für Signalisierungszwecke vor das Glühbirnchen der Lampe geschoben werden.

(6) **Stabsfeldwebel der Infanterie, Feldanzug, Frankreich 1940**

Von der Infanterie wurde gesagt, sie sei die „Königin der Waffen". Sie stürmte am 10. Mai 1940 in die Niederlande und Belgien und überquerte weiter südlich am 12. Mai die französische Grenze an der Meuse. Der Widerstand war örtlich erbittert, insgesamt aber vollkommen durcheinandergeraten und ratlos. Die angetretenen 119 deutschen Divisionen brausten in zügigem Vormarsch durch die Verteidigungslinien. Rommels 7. Panzerdivision stand am ersten Tag schon 13 km südlich der Somme. Am 25. Mai erreichten die Panzerspitzen die Kanalküste bei Boulogne. Während vieles durch den Druck und die spektakulären Erfolge der Panzerverbände erreicht wurde, war aber vielen doch auch klar, daß die härtesten Kämpfe von der begleitenden Infanterie auszutragen waren.

Der deutsche Infanterist führte den Krieg in Frankreich im wesentlichen in der selben Uniform und mit der selben Ausrüstung, die er im Jahr zuvor während des Polenfeldzuges verwendet hat. Obwohl einige Verbesserungen und Veränderungen in Details eingeführt wurden, war das Erscheinungsbild des deutschen Landsers außerdem vergleichbar mit dem seines Vorgängers von 1918.

Die Feldbluse M 35 war eine Abwandlung des Zuschnitts vom April 1933 und der Ergänzung mit dem dunkelgrünen Kragen, der im September 1935 eingeführt wurde. Die Feldbluse hat vier Pattentaschen mit Quetschfalten, die mit einem Knopf verschlossen werden. Die Jacke wird vorne an der Knopfleiste mit fünf gekörnten Knöpfen verschlossen. Der dunkelgrüne Umlegekragen wird durch einen Haken-Ösen-Verschluß geschlossen. Vorne an den Ärmeln sind Ärmelschlitze mit verdeckten Anpaßknöpfen. Das Futter vorne und am Rückenteil der Jacken aus der Vorkriegszeit und aus der Anfangszeit des Krieges bestand aus Baumwolldrillich, das ab 1936 dafür verwendet wurde. Um die Taille herum waren vier Löcherpaare in den Außenstoff und in das Futter eingebracht. Die Gürtelhaken zur Halterung des Koppels wurden im Innenfutter in eine eingenähte Stoffleiste eingehakt. Die Haken sollten das Gewicht des Koppels und der daran angehängten Ausrüstungsgegenstände gleichmäßig um die Taille herum verteilen.

Der hier abgebildete Rock hat nur noch zwei dieser Einhängeschleifen am Rückenteil, da die Brustweite durch Umschneidern angepaßt wurde. Dies hätte später an der Jacke wieder rückgängig gemacht werden können. Die Jacke trägt zwei verschiedene Markierungsstempel: Die eingedruckte Nennung der Originalgröße und „B 39" für „Heeresbekleidungsamt Berlin 1939". Das wurde ausgestrichen und eine kleinere Brustgröße für den Brustumfang eingestempelt. Die an der Jacke unten angebrachten entsprechenden Markierungen nennen den Originalhersteller „Herfa Berlin 034 Gubener Str. 47" mit der Reichsbetriebsnummer aus der Zeit nach 1942 darüber. Eine Tasche für ein Verbandspäckchen ist unten rechts im Innern der Jacke eingenäht. Außerdem sind am Kragen drei Knöpfe aus Kunststoff (manchmal auch aus gepreßter Pappe), mit denen innen am Kragen eine Kragenbinde befestigt wurde.

An den Kragenpatten werden die Einheitslitzen von 1938, die direkt auf den Kragen ohne den Trägerstoff aufgenäht sind, verwendet. Der Hoheitsadler auf der Brust ist mit weißer Baumwolle auf dunkelgrünen Abzeichenstoff aufgewoben. Es ist eine frühe Version dieses Emblemes in dieser Herstellungsart. Die Schulterabzeichen zeigen den Dienstrang eines Stabsfeldwebels an. Die Borte der Unteroffizierstresse ist 9 mm breit. Auf dem dunkelgrünen Trägermaterial, das anfangs benutzt wurde, waren drei silberfarbige Sterne angebracht.

Die Zunge auf der Unterseite des Schulterstückes wird durch eine Schlaufe, die auf der Schulter aufgenäht ist, durchgeführt und mit einem Knopf auf der Schulter befestigt. Die silberne Unteroffizierstresse ist auch vorne am Kragen und um den unteren Teil des Kragens herum angebracht. Diese Uniform, sie gehörte einem Soldaten aus Berlin, trägt noch die empfangenen Auszeichnungen, nämlich das Eiserne Kreuz Erster Klasse (EK I), das Infanterie-Sturmabzeichen. Außerdem gibt es noch das in diesen Fotografien nicht sichtbare Kuban-Schild am Oberarm. Es wurde im September 1943 für die Teilnahme an den heftigen Kämpfen im Kuban-Brückenkopf an der Ostfront verliehen.

Die Feldhose wurde bis 1940 aus steingrauem Stoff hergestellt, danach dann aus standardmäßig feldgrauem Stoff. Der hintere Teil war etwas höher zugeschnitten als der vordere Teil. Auf der Rückseite im Bund ist ein horizontales Einstellband eingearbeitet. Der Hosenschlitz wird mit fünf Knöpfen verschlossen. In der Hüfte sind Knöpfe für die Hosenträger angebracht. An den Hüften und auf dem rechten Gesäß ist jeweils eine Einschubtasche, die mit einem Knopf verschlossen werden kann. Auf der rechten Seite ist eine kleine Tasche für die Uhr und eine Schlaufe zum Einhängen der Uhrenkette. Die Hose hat einen geraden Schnitt.

Der Stahlhelm M 35 hat immer noch die schildartige Darstellung der Nationalfarben auf der rechten Seite, obwohl 1940 angeordnet wurde, sie zu entfernen. Das Koppel und das Koppeltragegestell sind angelegt. Der Brotbeutel, das komplette Koch- und Eßgeschirr sowie die Feldflasche sind am Koppel aufgeschlauft. Zu Beginn des Krieges gab es nicht genug Maschinenpistolen, daher führten die Unteroffiziere mit Portepee ebenfalls den Karabiner 98 k als Dienstwaffe. Dieser Mann hier hat außerdem eine Stielhandgranate M 24 dabei.

Oben links:
Der Stahlhelm M 35: Die Nationalfarben wurden während des Krieges entfernt, der Helm erhielt einen rauen Tarnanstrich. Die Stahlhelme wurden von der Industrie in einer Vielzahl von inneren und äußeren Farbvariationen in feld- und schiefergrau ausgeliefert. Von den Landsern im Feld wurde die glatte Helmoberfläche oft durch aufgetragenen Schlamm, Matsch oder ähnliches verändert und damit ein besserer Tarneffekt erzielt.

Oben:
Der Uniformrock M 35 im ersten Schnittmuster, wie er im Krieg getragen wurde. Er hat den vor dem Krieg üblichen dunkelgrünen Kragen aus Uniformtuch. Die Fotografie vermittelt einen Eindruck von der sehr guten Qualität. Man beachte die elegante Schweifung der Taschenklappe.

Links:
Die Abzeichen: Die 9 mm breite umlaufende Tresse auf dem mit dunkelgrünem Uniformstoff unterlegten Schulterstück wurde im gesamten Unteroffizierskorps vom Unteroffizier an aufwärts in dieser Weise getragen. Wenn – wie hier – die Tresse am äußeren Ende auch noch angebracht ist, handelt es sich um einen Feldwebeldienstgrad (vom Unterfeldwebel an aufwärts), also einen Portepeeträger. Die drei silbernen Sterne bedeuten Stabsfeldwebel. Die weißen Vorstöße am Schulterstück sind die Waffenfarbe der Infanterie.

Oben:
Das Innenfutter der Jacke. Es wurde während des Krieges durch einen Schneider fachmännisch verändert. Die beiden vorderen Stoffleisten für die Gürtelhaken wurden entfernt. Erkennbar ist auch eine neue Einnähung der Tasche. Zu beachten ist insbesondere die rechts unten aufgenähte Verbandspäckchentasche und die einknöpfbare Kragenbinde.

Unten links:
Das interessanteste Detail der Jacke ist, daß die oberen Einstempelungen unkenntlich gemacht und nach den Veränderungen neu eingestempelt wurde. Ganz unten ist der Originalname des Herstellers der Jacke vermerkt. Dazu wurde ergänzend die Reichsbetriebsnummer des Unternehmens eingestempelt. Daraus ergibt sich, daß die Veränderungen irgendwann nach 1942 vorgenommen wurden.

Unten:
Der Tornister M 34 wurde umgangssprachlich als „Knappsack“ bezeichnet. Er hat eingearbeitete Schulterriemen. Dies war auch am neueren Modell M 39 so. Der Tornister konnte direkt ins Tragegestell eingehängt werden. Wolldecke, Mantel und die Zeltbahn 31 mit Tarnmuster sowie eine Gasplane konnten aufgerollt mit drei Riemen auf den Tornister geschnallt werden. Der Tornister bestand aus Segeltuch, das in den Farbschattierungen braun oder grün verwendet wurde. Der Tornisterdeckel bestand aus Kalbs- oder Pferdefell, dessen raue braune Seite außen lag. Dieses Aussehen ist typisch für die Tornister aus Vorkriegsproduktion. Der Knappsack war Ausrüstungsgegenstand bei allen nicht aufsitzenden Einheiten, also beispielsweise der Infanterie, wurde aber im Einsatz nicht getragen, sondern verblieb zunächst beim Troß.

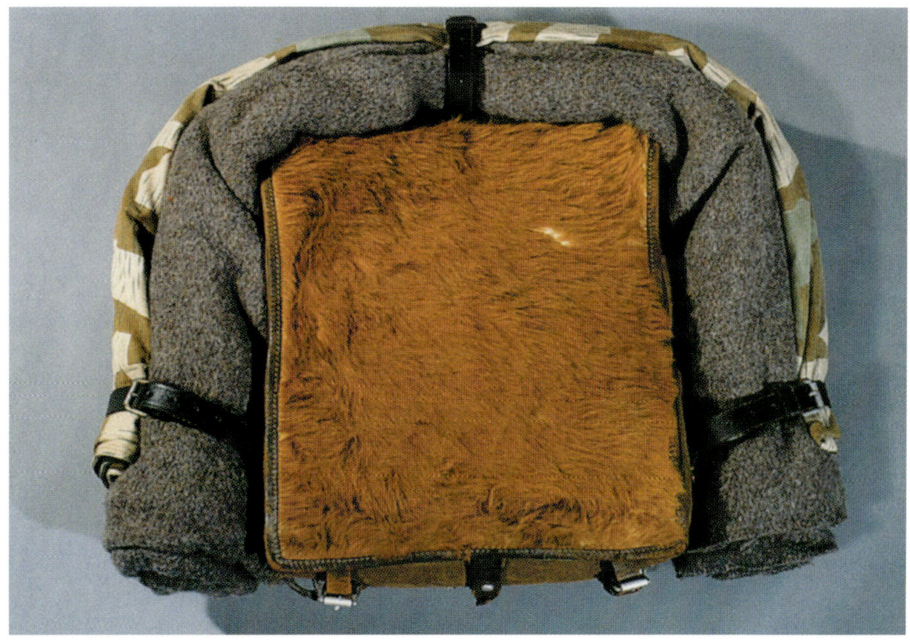

(7) Wehrmachtsbeamter, Dienstanzug, Frankreich 1940-1941

Die Stelle des „Wehrmachtsbeamten“ wurde eingeführt, um den Bedarf an bestimmten Fachkräften, auch mit nichtmilitärischem Fachwissen, in der Wehrverwaltung abzudecken. Diese Spezialisten mußten keine militärischen Kenntnisse haben. Die Beamten trugen Wehrmachtsuniform und unterlagen der Wehrdisziplin, hatten aber nicht den selben Status wie aktive Soldaten. Sie trugen Dienstgrade, die vergleichbar waren mit denen der aktiven Soldaten, und zwar vom Unteroffizier bis zum General. Dies war abhängig von der jeweiligen beruflichen Qualifikation. Der Dienstgradbereich umfaßte 4 Rangstufen: hohe, gehobene, mittlere und untere. Die hohe und gehobene Dienststufe erhielten Offiziersdienstgrade. Die mittlere Dienststufe führten Unteroffiziersdienstgrade mit Portepee mit der Möglichkeit, Offiziersdienstgrade zu erhalten. Die untere Dienststufe hatten Unteroffiziersdienstgrade mit Portepee. Die Qualifikationen der Wehrmachtsbeamten waren breit gefächert, z.B. Justiz, Nachschub und Truppenversorgung, Lehrwesen, Übersetzer, Chemiker, Psychologen, Verwaltungsspezialisten für Krankenhäuser und medizinischen Dienst, Tierärzte, Zahnärzte, Landvermesser und Geologen sowie vieles andere mehr. Ohne diese üblicherweise ungedienten Wehrmachtsangehörigen mit ihren beruflichen Spezialkenntnissen wäre die Gesamtverwaltung der Wehrmacht kaum möglich gewesen.

Die Wehrmachtsbeamten mußten sich ihre Uniform selbst beschaffen und hatten dazu auch die ausdrückliche Erlaubnis des Dienstherrn. Sie konnten sich auch aus den Depots und Kleiderkammern mit der entsprechenden Ausrüstung versehen. In der Frühzeit des Krieges war es jedoch allgemein üblich, sich die Uniform bei einem Schneider anfertigen zu lassen. Das hier abgebildete Uniformbeispiel ist von bester Qualität. Der verwendete Stoff ist ein feines Mischgewebe. Der Schnitt des Rocks entspricht dem in der Wehrmacht üblichen Zuschnitt. Er hat vier geschweifte Pattentaschen mit Quetschfalte. Anstelle der üblichen fünf Knöpfe zum verschließen der Jacke sind hier sechs Knöpfe angebracht. Alle Knöpfe sind in silberfarbener Optik. Die Ärmel haben den hohen französischen Ärmelaufschlag. Der steife Kragen ist aus dunkelgrünem Abzeichentuch und modisch groß zugeschnitten. Er hat einen Verschluß, bestehend aus zwei Haken und Ösen. Das Innenfutter ist aus silbergrauem Satin und hat auf der linken Brustseite eine Innentasche. Auch die Ärmel sind mit einem Innenfutter ausgerüstet. Es besteht aus weißgestreifter Baumwolle. Die Schulterbereiche sind gepolstert, wodurch die Gesamterscheinung noch betonter wird.

Auch die Abzeichen sind von höchster Qualität und handgestickt. Beim Hoheitsadler auf der Brust ist sogar das Hakenkreuz aus Goldfäden. So etwas war eigentlich überhaupt nicht üblich. Die Schulterstücke und die Kragenpatten stehen für einen Wehrmachtsbeamten der gehobenen Dienstgruppen-Laufbahn. Die Schulterstücke zeigen den entsprechenden Dienstgrad eines Oberleutnants mit der verschlüsselten Nennung HV, das für „Heersverwaltung“ steht. Dies wurde seit Dezember 1934 in dieser Art von allen Wehrmachtsbeamten als Kennzeichnung getragen. Die Waffenfarbe der Wehrmachtsbeamten war dunkelgrün. Dazu gehörte noch eine Nebenfarbe, die das Tätigkeits- und fachliche Spezialgebiet des Beamten anzeigte. In unserem Fall ist der zweite unterlegte Farbton auf den Schulterstücken weiß, der für eine Anzahl von Dienstbereichen der Zahlmeister, der Garnisonsverwaltung und für die Lebensmittelversorung steht. Die Kragenpatten sind in Form und Aussehen für alle Beamte des gehobenen Dienstes identisch. Die Vorstöße sind in der Nebenfarbe. Der Wehrmachtsbeamte ist mit dem Kriegsverdienstkreuz in Silber mit Schwertern ausgezeichnet worden. Das KVK war das Gegenstück des Eisernen Kreuzes. Es war für Personen gedacht, die nicht den Kombattantenstatus hatten, also nicht zur kämpfenden Truppe gehörten.

Die Feldmütze M 38 für Offiziere wurde im Dezember 1938 eingeführt und ersetzte die Feldmütze alter Art, die 1934 für Unteroffiziere und Mannschaften eingeführte Feldmütze M 34. Sie hat das selbe ovale Profil wie diese, ist aber höher und hat eine hervorgehobenere bogenförmige Schweifung, die als Faltung um die Mütze verläuft. Unterhalb des Deckels sind auf jeder Seite zwei Lüftungslöcher angebracht. Die Offiziersfeldmütze war normalerweise von besserer Materialqualität. Diese hier ist aber von der Heeresbekleidung beschafft und nicht typisch für die Qualität von privat beschafften Mützen. Oben am Deckel und um die Schweifung vorne herum verläuft der silberfarbige Vorstoß. Er zeigt den Offiziersdienstgrad an. Die Generalität hatte goldfarbige Vorstöße. Der Adler ist silberfarben maschinell auf dunkelgrünem Trägerstoff aufgewoben. Die schwarz-weiß-rote Reichskokarde ist erhaben aufgestickt. Um diese herum ist ein Winkel in der dunkelgrünen Waffenfarbe (die sogenannte Soutache) aufgenäht. Sie wurde scherzhaft auch als „Rußland-Litze“ oder als „Russische Borte“ bezeichnet. (Die Soutache wurde offiziell im Juli 1942 abgeschafft). Die Mütze hat ein graues Innenfutter aus Baumwolldrillich, auf dem eine kleine Größenbezeichnung aufgedruckt ist. Die Herstellerangabe „Mützenfabrik“ ist oben eingestempelt.

Zu dieser Zeit waren die Offiziershosen als Reithosen noch in steingrauer Farbe. Es sind Hosen, die in privatem Auftrag geschneidert wurden. Sie sind von hoher Qualität und an den Oberschenkeln modisch weit. An jeder Seite sind zwei Einschubtaschen. Eine weitere mit Taschenpatte versehene Tasche befindet sich auf der rechten Gesäßseite. Jede Tasche wird mit einem Knopf geschlossen. Auf der rechten Seite in der Leistengegend ist eine kleine Uhrentasche. Weitere Knöpfe und Stoffstege sind für die Verwendung von Hosenträgern vorgesehen. Alle Knöpfe sind aus braunem Bakelit. Am Hosenschlitz sind vier Knöpfe. Die Hose wird vorne am Bund mit einem Haken und einer Öse verschlossen. Die Hosenbeine enden mit Schnürbändern und einem glatten Endstück mit vier Knöpfen.

Oben links:
Die Feldmütze M 39 „der neuen Art für Offiziere" entspricht der Feldmütze M 34 für Unteroffiziere und Mannschaften. Diese hier abgebildete Mütze ist von Standardqualität. Beachten Sie den silberfarbigen Vorstoß für Offiziersdienstgrade, die erhaben aufgestickte schwarz-weiß-rote Reichskokarde und das Abzeichen mit dem Offiziers-Adler und mit dem Hakenkreuz aus Silberfaden.

Oben:
Das Innenfutter der Mütze ist in durchschnittlicher Qualität und aus grauem Twill. Man beachte die eingearbeiteten Verstärkungsringe um die Lüftungslöcher. Viele von Schneidern in privatem Auftrag hergestellte Mützen sind aus hochwertiger Moleskin-Qualität mit hochwertigem Innenfutter und zum Teil mit einem Schweißband aus dünnem Leder am vorderen Innenteil.

Links:
Dieser Beamtenrock zeigt anschaulich die hohe Qualität der maßgeschneiderten Eigentumsröcke. Das Hauptmaterial besteht aus einer weichen Wollmischung. Der spitze und großflächige Kragen und die hohen französischen Ärmelaufschläge sind weitere Hinweise auf eine modebewußte Schneiderarbeit.

Ganz oben:
Eine sehr gute Arbeit eines handgestickten, abstehenden Abzeichens eines Wehrmachtsbeamten des gehobenen Dienstes. Man beachte das mit Goldfaden gestickte Hakenkreuz – eine individuelle Besonderheit. Außerdem sind die Schulterabzeichen mit der goldfarbigen Buchstabenkombination „HV" und ein einzelner Stern für den Dienstgrad auf dem mit weiß über dunkelgrün liegendem Untergrund des Schulterstückes gut zu sehen.

Oben:
Das Innenfutter besteht aus einem silbergrauen Satin-Material von guter Qualität. Es ist ein Eigentumsrock, der auf privaten Auftrag hin geschneidert wurde, und hat auch einige der oft zu sehenden charakteristischen Elemente (Taillenband und Einhängevorrichtung für das Gehänge des Offiziersdolches).

Rechts:
Die steingrauen Reithosen mit den Einknüpfbändern für Hosenträger, den Einschubtaschen und dem Schnür- und Knöpfabschluß am Ende der Hosenbeine.

(8) **Soldat der Panzertruppe, schwarzer Feldanzug für Panzerbesatzungen, Frankreich 1940**

Die schwarze Sonderbekleidung für Panzerbesatzungen (Panzeruniform) wurde 1934 für die Panzertruppe eingeführt und war eine dramatische Abweichung vom bisherigen Erscheinungsbild der deutschen Heeresuniform. Praktische Erwägungen gepaart mit den Erfordernissen einer Bekleidung für den Dienst im Panzer führten zu diesem ungewöhnlichen Uniformstil. Die Jacke war kurz und eng anliegend. Sie hatte außerdem keine äußeren Taschen. Das Hängenbleiben an vorstehenden Teilen im Panzerfahrzeug sollte damit vermieden werden. Der Vorderteil der Jacke ist übereinander geknöpft, womit der Brustbereich besonders warm gehalten werden kann, wenn die Jacke zugeknöpft ist. Die schwarze Farbe der Uniform sollte dafür sorgen, daß Ölflecken nicht bemerkbar waren. Abgesehen von der schwarzen „Schutzmütze für Kraftfahrkampftruppen", die im Frühjahr 1941 aussortiert wurde, wurden die sonst auch im Heer verwendeten Kopfbedeckungen benutzt. Aber nur die Feldmützen waren aus schwarzem Stoff. Eigentlich sollte die schwarze Uniform nur für die Arbeit mit und am Panzerfahrzeug verwendet werden. Wahrscheinlich wegen des markanten Aussehens wurde diese Kleidungsregelung sehr bald ignoriert. Ende 1940 wurde die schwarze Uniform dann die offizielle ständige Dienstuniform der Panzerwaffe. Die abgebildete Jacke wurde für einen privaten Auftrag in Paris geschneidert und unterscheidet sich von der Standardjacke in einigen Punkten. Die zuerst ausgegebene Jackenversion M 34 hatte einen weniger spitzen Kragen als die zweite Jackenversion M 36. Sie hatte auch keine Knöpfe und Haken/Ösen, um den übergeschlagenen Jackenaufschlag zu verschließen. Diese Jacke hier hat zwar die Kragenform der zweiten Jackenversion, aber sie hat keine Knopflöcher im Jackenaufschlag. Die Vorderseite ist, wie es sein soll, auf der rechten Seite mit vier Plastik- oder Hornknöpfen geschlossen. Die Knöpfe sind von einer Stoffleiste abgedeckt. Am Jackenrand auf der rechten Seite sind bei den von den Kleiderkammern ausgegebenen Jacken zwei Knöpfe angebracht, die mit zwei Knopflöchern im Futter der anderen Jackenseite korrespondieren. Dies ist an dieser Jacke nicht so, sie hat aber die standardmäßig anpaßbaren Bünde am Ärmelende. Wie bei geschneiderten Jacken üblich, ist die Jacke einige Zentimeter kürzer. In der Hüfte zwickte und drückte die Jacke wegen des eng anliegenden Schnitts. Der Kragen ist in der rosafarbenen Waffenfarbe der Panzertruppen vorgestoßen. Dies entsprach bis Ende 1942 den Regelungen.

Das Innenfutter der Standardjacke bestand aus grauem Baumwolltwill und bedeckte nicht den Rückenteil der Jacke. Auf beiden Seiten war unterhalb der Achseln für die Haken der Gürtelhalterung ein Verstärkungsstoff mit vier Öffnungen, die auf der Höhe der Hüfte sind, eingenäht. Die Gürtelhaken konnten durch diese Löcher paßgenau einjustiert und im Stoff verankert werden. Auf der rechten Brustseite ist in das Innenfutter eine horizontale Brusttasche eingelassen. Eine vertikale Tasche befindet sich auf der anderen Seite. Außerdem ist ein Einstellgürtel ins Jackeninnere eingeschneidert. (Im Kapitel 26 wird dies mit Fotos dargestellt.) Diese vom Soldaten privat beschaffte Uniformjacke hat ein vollständiges Innenfutter aus schwarzem geripptem Satin. Das Etikett des Schneiders lautet auf „Thorn 1. rue de la pépiniére Paris (VIIe)".

Die Kragenpatten waren bei der Panzertruppe höchst eigenwillig gestaltet und wurden einheitlich von allen Dienstgraden an dieser Uniform getragen. Sie waren schwarz, rautenförmig und mit rosafarbigen Vorstößen – wie auch am Kragen – umrandet. Die Vorstöße bestanden aus Kunstseide. Der auf der Mitte der Kragenpatte mit zwei Stiften eingesteckte Totenkopf ist aus weißem Leichtmetall geprägt. Zu Anfang war er mit schwarzem Garn an Augen und Nase festgenäht. Der schwarz-weiße Brustadler ist ein gutes Beispiel aus der Anfangszeit der Panzeruniform. Nach 1939 wurde die Farbkombination grau und schwarz dafür verwendet. Die Schulterstücke waren schlicht und schwarz und hatten als einzigen Farbkontrast die rosafarbigen Vorstöße. An dieser Uniform sind sie eingenäht, was später anders gehandhabt wurde. Am linken Oberarm ist der Gefreitenwinkel aufgenäht. Der Winkel ist eine silberfarbene Tresse auf schwarzem Trägerstoff. Im obersten Knopfloch des Jackenaufschlages ist das Ordensband des Eisernen Kreuzes 2. Klasse (EK II) eingesteckt und festgenäht.

Die Schutzmütze war vor dem Krieg die einzige schwarze Kopfbedeckung. Sie war jedoch ihrer Zeit hinterher. (Der aufkommende Funkverkehr der Panzerbesatzungen untereinander und mit den Befehlsstellen wurde nicht berücksichtigt.) Auch die Verwendung erwies sich als unpraktisch, da sie zu unhandlich und zu klobig war. Aber vor allem war es sehr schwierig die Kopfhörer zu verwenden, wenn die Schutzmütze aufgesetzt war. Innen war sie verstärkt durch einen Innenhelm aus Gummi, der eine schwarze Wollauskleidung hatte. Um den Deckel herum waren sechs mit kleinen Gummiringen verstärkte Luftlöcher angebracht. Die Schutzmütze war innen vollständig mit schwarzem Wachstuch ausgekleidet und hatte ein Lederschweißband. Innen auf dem Deckel ist an der abgebildeten Schutzmütze das Herstelleretikett „Carl Halfar Berlin N20 Prinzenallee 74" angebracht. An der Vorderseite der zweiteiligen Mütze, die nach außen die Form einer Baskenmütze wiedergab, war oben das Hoheitsabzeichen, der Adler mit Hakenkreuz im Ehrenkranz, maschinengewoben in weiß auf schwarz aufgebracht und darunter die Reichskokarde im Eichenlaubkranz. (So sah die Gestaltung der Mütze mit den Emblemen nicht immer aus; der Adler wurde erst im Oktober 1935 hinzugefügt.)

Die Feldhose für Panzerbesatzungen bestand aus dem gleichen schwarzen Tuch wie die Jacke. Sie hat drei, manchmal vier Einschubtaschen (zwei Seitentaschen und eine Gesäßtasche), die alle eine leicht geschweifte Patte und einen Knopf zum Verschließen hatten. Die im Bereich der rechten Leiste eingesetzte Uhrentasche hatte keine Patte. Der Hosenschlitz wird mit vier Knöpfen geschlossen. Die Hose hat ein eingesetztes schwarzes Gurtband und wird mit einer Dreidornschnalle geschlossen. Der Zuschnitt der Hose in der Hüfte ist weit, die verengten Hosenbeine werden mit Knöpfen und Zugbändern an die Beine angepaßt.

Oben:
Die „Schutzmütze für Kraftfahr-Kampftruppen", manchmal auch als „Panzerbarett" bezeichnet, bestand aus einem Gummischutzhelm und einem darüber gestülpten Barett aus gesponnener schwarzer Wolle. Sie war wegen des unformigen Aussehens unbeliebt und machte wegen der starren Gummieinlage die Benutzung von Kopfhörern sehr unangenehm. Die später erfolgte Einbindung aller Besatzungsmitglieder in das Funksystem im Panzer wurde zum Anlaß genommen, die Schutzmütze gegen die weiche und sich der Kopfform anpassende Feldmütze auszutauschen. Viele Fotos, die während des Westfeldzuges 1940 aufgenommen wurden, zeigen, daß zur schwarzen Uniform die feldgraue Feldmütze verwendet wurde.

Oben:
Die Auskleidung sitzt tief im Helm und ist auch noch überdeckt von schwarzem Wachstuch. Das Herstelleretikett und das Schweißband in diesem Helm sind mit der Jahreszahl 1941 bestempelt. Die mit Gummiringen verstärkten Ventilationsöffnungen sind unter dem Schweißband.

Links:
Diese von einem Schneider in privatem Auftrag hergestellte Panzerjacke ist ungefähr 12 cm kürzer als es die offiziellen Stücke sind. Dieser Zuschnitt war sehr beliebt. Die auffallende Optik sorgte dafür, daß diese Uniform im täglichen Truppendienst und als Ausgehanzug sehr gern verwendet wurde.

Gegenüberliegende Seite oben links:
Einzelheiten der Abzeichen: Die Totenkopf-Kragenpatten lehnen sich an die Jacken- und Tschakoabzeichen der preußischen Husaren des 18. und 19. Jahrhunderts an. Die Totenkopf-Abzeichen waren zum Zeitpunkt ihrer Einführung sehr ungewöhnlich. Der Brustadler ist ein frühes Exemplar des Hoheitsabzeichen, was anhand der Verarbeitungsqualität deutlich erkennbar ist. Sämtliche Vorstöße sind aus rosa Kunstseide.

Gegenüberliegende Seite oben rechts:
Die schwarze Feldhose der Panzersoldaten war weit und großzügig im Schnitt, damit in den engen Verhältnissen im Panzer eine möglichst große Bewegungsfreiheit gegeben ist. Man beachte die zuknöpfbaren Taschenpatten, das eingesetzte Gurtband und die Knöpfe und Zugbänder an den Hosenbeinen.

Gegenüberliegende Seite unten:
Das hochwertige Innenfutter dieser in Paris hergestellten Eigentumsjacke entspricht nicht dem der Standardjacke. Die verwendete Stoffart ist aber sehr typisch für ein speziell geschneidertes Kleidungsstück. Die eingearbeiteten Taschen entsprechen übrigens denen einer Standardjacke.

(9) **Infanterieoffizier, Unteroffiziervorschule, Deutschland 1940-1942**

Nach dem Ausbruch des Krieges mit den Westmächten wurde dem deutschen Oberkommando klar, daß ein geeigneter Unteroffiziernachwuchs ausgebildet werden müsse, der von der Ausbildung her auch befähigt wäre, in den Offiziersdienstgrad aufzusteigen. Aufgrund dieses Hintergrundes wurden im April 1940 die Unteroffiziervorschulen gegründet. Die Schüler waren im Alter von 14 bis 17 Jahren und hatten während des Schulbesuches den Status von Zivilisten und nicht von Soldaten. Eine dreijährige zivile Ausbildung wurde mit einer militärischen Ausbildung verbunden und dadurch die Voraussetzungen für den Dienst im Heer geschaffen. Die Schüler trugen die Standarduniform des Heeres, aber mit französisch gestaltetem Ärmelaufschlag und nicht mit den üblichen verstellbaren Ärmeln mit Ärmelschlitzen. Spezielle Kragenpatten, glatte Knöpfe und Schulterstücke mit den verbunden dargestellten Buchstaben UV in gotischer Schreibweise und einer Nummer mit römischen Zahlen gehörten zur Uniform. Außerdem trugen sie am unteren rechten Ärmel den Ärmelstreifen „Unteroffiziervorschule". Das Ausbildungspersonal trug die Uniform des bisherigen Dienstbereiches und zusätzlich die Buchstabenschlüsselung UV auf den Schulterstücken und unten am Ärmel den Ärmelstreifen.

Dieser Oberstleutnant trägt die alte Version des Dienstrocks. Speziell bei altgedienten Offizieren war dieses bereits in der Reichswehr verwendete Modell sehr beliebt. Ab März 1942 konnte er nicht mehr verwendet werden. Die von einem Schneider hergestellte Jacke hat auf der Brust zwei aufgesetzte und geschweifte Pattentaschen mit Quetschfalten. Die beiden unteren Taschen sind in den Stoff eingelassen und haben ebenfalls geschweifte Patten. Der spitz zulaufende Kragen wird mit zwei Haken und Ösen verschlossen und hatte ursprünglich einen Besatz aus feldgrauem Stoff. Im September 1935 mußte er durch dunkelgrünen Abzeichenstoff ersetzt werden. Die Jacke wird vorn mit acht Knöpfen geschlossen. Beide Jackenenden (das verdeckt innenliegende und das äußere) sind am Rand mit den Vorstößen in der zugehörigen Waffenfarbe versehen. Der Rückenteil des Rockes ist in traditioneller Art gestaltet. Die Rückenfalten verlaufen von den Schultern bis zur Taille, an der zwei Stützknöpfe angebracht sind. Im Gesäßbereich der Jacke sind innen zwei Taschen angebracht. Die Ärmel haben den üblichen französischen Ärmelabschluß. Der Rock ist leicht auf Taille geschneidert. Das Innenfutter besteht aus geripptem Satin. Eingearbeitet ist ein Hüftgürtel und in der linken Tasche eine Öffnung für das Einhängeband des Offiziersdolches oder des Offiziersäbels.

Die Abzeichen sind in sehr hochwertiger Qualität silberfarbig und von-Hand gestickt. Die Kragenpatten entsprechen der Standardversion der Offizierslitzen in der weißen Waffenfarbe der Infanterie, die hier besonders hell ist. Auch der Brustadler ist ein Beispiel für sehr gute Handarbeit. Die geflochtenen silberfarbigen Schulterstücke der Dienstgradgruppe hatten einen goldenen Stern für den Dienstrang Oberstleutnant. Üblich war, daß diese Schulterstücke am Rock angenäht waren. Ebenfalls auf den Schulterstücken ist das Buchstabenkürzel „UV" aufgelegt. Eigentlich müßte es dem Offiziersdienstgrad entsprechend goldfarbig sein. Es war aber nicht unüblich, daß auch Offiziere die eigentlich für das Unteroffizierskorps vorgesehenen silberfarbigen bereitwillig verwendeten, weil diese verfügbar waren. Der Ärmelstreifen trägt den auf feldgraugrünem Trägermaterial maschinell aufgewobenen Schriftzug in gotischer Schriftart „Unteroffiziervorschule" mit aluminiumfarbiger Randtresse. Die Abzeichen, die hier getragen werden, sind das Ordensband des Eisernen Kreuzes 2. Klasse (EK II), das auf der Brusttasche angesteckte Eiserne Kreuz 1. Klasse (EK I) und das Verwundetenabzeichen in schwarz. Eine Ordensspange über der Brusttasche zeigt verschiedene Auszeichnungen, die im Ersten und Zweiten Weltkrieg verliehen worden sind. Der Leibriemen ist sehr frühen Ursprungs und viel breiter als die später im Dienst verwendeten.

Die Feldmütze wurde im März 1934 eingeführt und ab 1938 bezeichnet als „Offizierfeldmütze älterer Art", weil sie zu diesem Zeitpunkt durch das Schiffchen als offizielle Kopfbedeckung abgelöst wurde. Diese alte Mützenart blieb bei allen Offiziersdienstgraden extrem beliebt und wurde auch weiterhin verwendet, auch nachdem die bis zum April 1942 geltende Übergangs- und Auftragezeit abgelaufen war. Der feldgraue Deckel und der dunkelgrüne Besatzstreifen waren nur leicht gesteift und hatten keine Verstärkung oder metallische Versteifung. Der Schirm bestand aus halbweichem Leder. Darum war es möglich die Mütze zusammenzudrücken und zu falten, um sie mitzunehmen. Das daher kommende, typisch zerknitterte Aussehen gab der Mütze ihre besonders markante Front-Optik. Innen war normalerweise kein Schweißschutz aus Zelluloid angebracht. Die Herstellerangaben waren gegebenenfalls direkt auf das Innenfutter gedruckt. Das Schweißband bestand entweder aus dünnem Leder oder aus gepreßter und imprägnierter Pappe, die lederartig war. Der Adler und die Eichenlaubkokarde waren maschinell mit silbernen Fäden auf dunkelgrünen Uniformstoff flach aufgewoben und wurden entweder mit Maschine oder von Hand vorne auf die Mütze genäht. Es gab keine Kordel und keine Seitenknöpfe. Einige Offiziere haben diese später an ihre Mützen anbringen lassen, um sie auch nach der Auftragezeit weiter nutzen zu können.

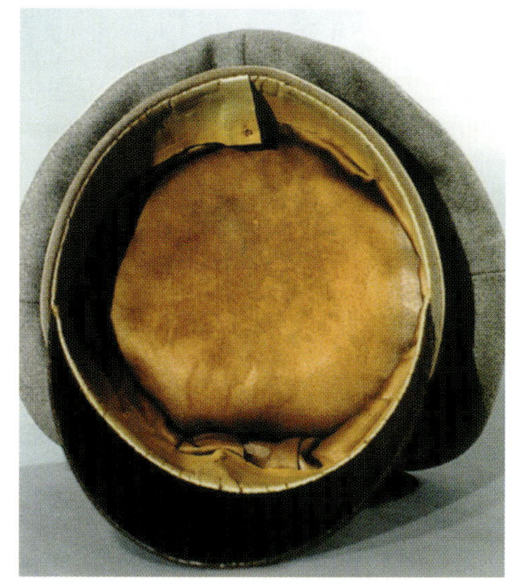

Oben links:
Das ist die „Offizierfeldmütze alter Art“. Sie hat einen weichen Ober- und Vorderteil und keinen sperrigen Schirm, wie hier deutlich zu erkennen ist. Man beachte außerdem die flachen gewobenen Embleme und das Fehlen der Kordeln.

Oben:
Das Innenfutter der Mütze besteht aus silbergrauem Stoff mit Satin-Effekt und enthält keine Angaben über den Hersteller. Das Schweißband hat sich farblich von sumpfgelb in grau verändert und besteht aus einer Mischung lederartiger Bestandteile.

Links:
Die Dienstjacke „alter Art“ unterscheidet sich äußerlich von ihrem Nachfolgemodell: Sie hat eingearbeitete Seitentaschen, einen farblichen Vorstoß entlang des Jackenaufschlages und acht Knöpfe an der Knopfleiste. Man achte auf die angeschneiderte Paßnaht an der Hüfte. Der Uniformrock ist auf Taille geschneidert.

Links:
So sieht das Innenfutter einer individuell geschneiderten Uniform aus: Verborgene Innentaschen hinten im Rock, einstellbarer Innengürtel, Einhängeöffnung für den Offiziersdolch.

Links:
Der Ärmelsteifen „Unteroffiziervorschule" wurde von den Schülern und dem Ausbildungspersonal unten am rechten Ärmel der Dienstjacke und des Feldmantels getragen.

Links:
Die feine Qualität dieser Abzeichen ist ungewöhnlich. Sie wurden zu einem sehr frühen Zeitpunkt hergestellt. Man beachte auch die nicht den Regeln entsprechende Verwendung von silberfarbigen Buchstabenemblemen auf den Schulterstücken, die in dieser Farbe für das Unteroffizierskorps gedacht waren. Eigentlich müßten hier die für einen Offizier korrekten goldfarbenen Buchstaben in deutscher Schriftart angebracht sein.

(10) **Infanterieoffizier, Dienstanzug, Frankreich 1940-1941**

Während die meisten Soldaten bei ihrer Einberufung zur Wehrmacht eingekleidet wurden und ihre Ausrüstung erhielten, konnten sich Offiziere, Wehrmachtsbeamte und die vielfältig eingesetzten Spezialisten selbst einkleiden. Dazu erhielten sie bei ihrem Eintritt eine finanzielle Bekleidungsbeihilfe und zusätzlich einen monatlichen Zuschuß. Die dienstliche Bekleidung wurde entweder von der Offizierskleiderkammer (Offizier-Kleiderkasse) oder bei selbstständigen Schneidern oder Militärausstattern gekauft. Dafür benötigte man einen „Uniformbezugsschein", den die entsprechende Heeresverwaltung ausstellte. Alle privat beschafften Uniformen und Uniformteile mußten in Schnitt und Farbe den offiziellen Uniformstücken entsprechen, damit ein einheitliches Erscheinungsbild gewährleistet war.

Insbesondere vor dem Krieg war die Qualität der privat beschafften Uniformen sehr hoch. Als der Krieg dann andauerte und immer mehr Offiziere an die Front mußten, begannen viele damit, sich eine für die Verwendung im Feld angepaßtere Dienstkleidung herstellen zu lassen oder gingen dazu über, sich die ausgegebene dienstliche Standardkleidung zu beschaffen und diese mit den passenden Abzeichen zu versehen. (Hierzu mehr im Kapitel 12 und 23). Bis ins erste Kriegsjahr mit der Sowjetunion hinein war die Qualität allgemein sehr hoch. Etwa ab Mitte 1942 verursachte die langgezogene Front wirtschaftliche Schwierigkeiten und zunehmende Materialverknappung, wodurch sich auch das optische Erscheinungsbild des Offizierskorps merklich veränderte.

Die abgebildete Uniform ist ein schönes Beispiel für die in der Frühzeit der Wehrmacht oder auch noch vor dem Beginn des Krieges geschneiderten Uniformröcke. Sie ist aus Stoff einer sehr hochwertigen Wollmischung hergestellt. Die Oberfläche ist glatt und weich. Der etwas grauere Farbton war vor dem Krieg meistens üblich. Später wurde zu einem feldgraugrünlichen Farbton gewechselt. Die vier aufgenähten geschweiften Pattentaschen haben Quetschfalten und sind so auf den Uniformrock aufgebracht, daß sie bündig und glatt aufliegen. Alle Nähte sind unterschiedlich hoch. Die Knopfleiste vorne hat sechs Knöpfe. Vorgeschrieben sind fünf, der eine zusätzliche Knopf entspricht dem Modeempfinden. Alle Knöpfe sind aber trotzdem grün lackiert, um damit dem „Front-Gefühl" zu entsprechen. Die französischen Ärmel sind tief eingesetzt. Viel tiefer als dies bei dieser Ärmelart üblich ist. Der Rock sitzt eng an der Taille an. Der innen gesteifte Kragen ist aus dunkelgrünem Abzeichentuch und hat einen hohen Halsansatz. Die Kragenspitzen sind stark betont. Er hat zwei Haken und Ösen zum verschließen, normalerweise ist dort nur einer angebracht. Innen am Kragen sind drei doppelseitige Haken oder Spangen mit denen die Kragenbinde angeknöpft werden kann. Es kam auch vor, daß dafür Knöpfe oder Manschettenknöpfe verwendet wurden. Das Futter aus dunkelgrauem Stoff in Satineffekt ist an der ganzen Jackeninnenseite angebracht. Auf der linken Brustseite ist eine Innentasche und in der unteren linken Seitentasche ein Gurt eingenäht, an dem die Tragebänder des Offiziersdolches eingehängt werden können. In den Ärmeln ist gestreiftes Baumwollinnenfutter, das für privat in Auftrag gegebene und geschneiderte Uniformen gängig ist.

Erwartungsgemäß stammen auch die Abzeichen aus der Zeit vor dem Krieg und noch weiter zurück. Die Schulterstücke eines Leutnants sind an der Schulter eingenäht und haben eine feine weiße Wollunterlegung in der Waffenfarbe der Infanterie. Es ist auf diesen Fotos nicht leicht zu erkennen, aber die Plattschnüre, aus denen die Schulterstücke bestehen, sind wegen der Oberflächenoptik in oxidiertem Silber viel matter. Dieses Aussehen ist charakteristisch für die Schulterstücke aus der Vorkriegszeit. Die Kragenlitzen sind auf gepreßtem Pappträgermaterial von Hand aufgestickt. Sie sind weiß, der Waffenfarbe der Infanterie. Der Brustadler war eine zeitlang standardmäßig handgestickt, ein solches Exemplar von hoher Qualität ist auch dieser hier. Die Auszeichnungen sind an der linken Brusttasche der Uniformjacke an den eingenähten Ansteckköffnungen befestigt. Es handelt sich um das Eiserne Kreuz 1. Klasse (EK I), das Infanterie-Sturmabzeichen und das Verwundetenabzeichen in schwarz.

Die Schirmmütze ist ein frühes Modell und qualitativ sehr gut. Sie wurde von der Firma Peter Küpper hergestellt. Der Firmen- und Markenname dieses Unternehmens lautete auf „Peküro". Sie besteht aus sehr feiner gemischter Wolle in einem hellgrauen Farbton. Wegen des verwendeten Materials wird sie auch als „Eskimo" bezeichnet. Sie ist am Deckel durch einen Draht versteift, der unter den weißen Vorstößen am Deckelrand verläuft. Diese Mützenversion wird auch als Sattelform bezeichnet. Der Schirm besteht aus dem üblichen Vulkanfiber, ist aber besonders hart. Das Innenfutter ist karamellfarben und aus wasserundurchlässiger Baumwolle. Auf dem Schweißschutz sind das Peküro-Firmenzeichen und der Vermerk „Stirndruckfrei Deutsches Reichspatent" eingedruckt, womit ein patentiertes Verfahren gemeint ist, mit dem der Druck auf die Stirn abgemildert wird. Die silberfarbene, übereinander gelegte Kordel ist mit zwei kleinen Knöpfen links und rechts an der Schirmmütze befestigt. Die kleinen Knöpfe sind silberfarben und gekörnt. Das Adler-Hoheitsabzeichen ist aus Aluminium geprägt. Es gab allerdings auch gestickte Versionen, die nicht minder häufig vorkamen. Den Eichenlaubkranz mit Reichskokarde gab es in drei verschiedenen Ausführungen: aus Ganzmetall, vollständig gestickt oder – dies vor allem bei den teuren privaten Kauf- oder Anfertigungsstücken – aus einer Kombination von beiden Materialien, so daß der Eichenlaubkranz gestickt und die Reichskorde aus Metall war.

Der Offizier trägt steingraue Reithosen aus geripptem Twill. Der Leibriemen ist eine ältere Ausführung in hellbrauner Farbe. Angeschnallt hat er ein kleines Pistolenholster für eine leichte halbautomatische Pistole im kleineren Kaliber, wahrscheinlich die Walther PPK. Sie wurde oftmals gegenüber der schwereren 9 mm-Dienstpistole bevorzugt.

Oben links:
Diese Dienstmütze kann als repräsentativ für die Herstellungsqualität und Machart in der Zeit der Entstehung der Wehrmacht und für die Vorkriegszeit gelten. Der obere Teil ist hellgrau und versteift, damit sich die „Sattelform" hält. Man beachte den gestickten Eichenlaubkranz und die metallene Reichskokarde.

Oben:
Innen hat die Schirmmütze ein Futter aus wasserabweisender Baumwolle und das standardmäßig transparente Schweißschild mit dem „Peküro"-Aufdruck als Herstellerangabe. Interessant ist auch das kleine schwarze Samtband um den Rand des Schweißbandes. Diese Ausstattung hatten nur sehr teure Mützen.

Links:
Die hervorragende Qualität kann hier sehr gut erkannt werden: Spitz zulaufender Kragen, flach anliegende Taschen, der weite Ärmelaufschlag und die besonders gearbeiteten Abzeichen.

Rechts:
Die am Schulteransatz eingenähten Schulterstücke sind nur an Uniformröcken zu sehen, die aus Vorkriegsproduktion stammen und von einem Schneider hergestellt wurden. Auch die silberfarbenen Schulterstücke sind aus breiteren Plattschnüren gefertigt. Die Kragenpatten und der Adler sind handgestickt. Die Patten haben ein Trägermaterial aus Karton.

Gegenüberliegende Seite oben:
Das Innenfutter besteht aus dunkelgrauem Satin. Die Einhängevorrichtung für den Offiziersdolch ist eingearbeitet und die linke untere Tasche ist mit einem Schlitz für das Einhängband versehen.

Oben:
Die Verdienstabzeichen sind sehr eng beieinander angeordnet. Sie wurden grundsätzlich in der Stufe ihrer Bedeutung angebracht. Die höchste Auszeichnung war oben, hier das Eiserne Kreuz 1. Klasse (EK I), das für hervorragende Tapferkeit oder Führung im Kampf verliehen wurde. Dann das Infanterie-Sturmabzeichen (üblicherweise verliehen an Offiziere und Mannschaften, die an mindestens drei verschiedenen Infanterieangriffen teilgenommen hatten). Das unterste Abzeichen ist das schwarze Verwundetenabzeichen, das für zwei Verwundungen im Feld steht.

(11) **Kavallerist, Feldanzug, Rußland 1941-1943**

Obwohl die übliche Meinung vorherrscht, daß die Wehrmacht eine hochmechanisierte Armee gewesen ist, waren Pferdeeinheiten dennoch ein wesentlicher Bestandteil des Heeres während des gesamten Zweiten Weltkrieges. Ein riesiger Anteil an Nachschub wurde nicht von motorisieren Transportkolonnen angeliefert, sondern von pferdebespannten Wagen, die zu jeder Einheit gehörten. In den 30er Jahren wurden die Kavallerieeinheiten von drei Divisionen auf eine einzelne Brigade reduziert. Neugeschaffene mechanisierte Verbände sollten die Aufgaben übernehmen. Während des Krieges wurde die Kavallerie jedoch wieder erheblich aufgestockt und hatte wieder den Umfang von mehreren Divisionen. Berittene Einheiten waren bei der Nachrichtentruppe, als Aufklärer, bei der Artillerie, beim Nachschub und Troß und sogar bei der Infanterie (dort meistens als Meldereiter) im Einsatz. Die Ostfront mit ihren riesigen und fast immer straßenlosen Gebieten und die Eigenheit mancher militärischer Operation – z. B. gegen Partisanen im Hinterland der Front – bot der Kavallerie wieder die klassischen Einsatzmöglichkeiten.

Die berittenen Einheiten trugen die im Heer übliche Uniform, allerdings mit einigen zusätzlichen Besonderheiten. So erhielten die berittenen Soldaten neben der normalen Feldhose auch die Reithose und anstelle von Marschstiefeln (Knobelbecher) trugen sie Reitstiefel.

Die Feldbluse M 40 wurde im Mai 1940 eingeführt und war die erste von vielen wirtschaftsbedingten Kriegsmaßnahmen, die wegen des fortdauernden Krieges notwendig wurden und das Aussehen des deutschen Soldaten veränderten. Der Kragen und die Schulterklappen waren jetzt aus dem gleichen feldgrauen Stoff wie die Uniform, während sie zuvor die dunkelgrüne Farbe des Abzeichenstoffes hatten. Der Rock sah immer noch so aus wie zuvor, mit vier geschweiften Pattentaschen und einer Knopfleiste an der Vorderfront mit fünf Knöpfen sowie einem Ärmelknopf, der eine Anpassung und Veränderung des Ärmels am Ärmelschlitz möglich machte. Die Schweifung an der Patte der Taschen wurde beibehalten, jedoch hatte der Bogen jetzt mehr Ähnlichkeit mit der früheren Art der Taschenklappen. Obwohl die Bekleidunganweisung für diese Jackenausführung erst aus dem Jahre 1940 stammt, ist es erstaunlich, daß die hier abgebildete Feldbluse bereits 1939 in Hannover hergestellt wurde. Bedingt durch diesen Fotobeweis kann vermutet werden, daß diese Jacken wahrscheinlich teilweise schon im Jahr 1939 entstanden sind. In diesem frühen Stadium des Krieges hatte die Jacke noch ein vollständiges Innenfutter aus Baumwolldrillich.

Die Kragenpatten, die hier zu sehen sind, wurden im November 1938 eingeführt und von allen Waffengattungen an der Feldbluse getragen. Der Brustadler ist in der zu Kriegsbeginn üblichen Ausführung. Er besteht noch aus feiner weißer Baumwolle anstelle der später verwendeten graufarbenen. Obwohl zu dieser Zeit auch die feldgrauen Schulterklappen eingeführt wurden, waren dennoch auch die dunkelgrünen früheren Ausführungen bis Kriegsende zu sehen.

An der Feldhose wurden keine Änderungen vorgenommen. Der dargestellt Soldat trägt – da er zu einer berittenen Einheit gehört – die Reithose. Während des gesamten Krieges diente als Grundmodell die gleiche Hose, aber die lederne Hosenverstärkung an der Sitzfläche und den Beininnenseiten erlebte einige Veränderungen, beispielsweise in der Farbe des Leders, die von hellgrau bis schlammgrau reichte. Manchmal wurde auch diese Verstärkung durch eine doppelte Lage des Hosenstoffes ersetzt. Die Reithose hat drei Einschubtaschen, die mit Knöpfen verschlossen werden, und eine Uhrentasche in der rechten Leistengegend. Die Hose ist hinten höher geschnitten, hat ein horizontal eingelassenes Gurtband und Knöpfe für Hosenträger. Die ausgegebenen Reithosen hatten auf Höhe der Fußknöchel drei Knöpfe zum Festmachen. Die Angehörigen der reitenden Einheiten wurden während des gesamten Krieges überwiegend mit Reitstiefeln (langer Stiefelschaft) ausgestattet. Dazu wurden die schwarzberiemten und vernickelten Anschnallsporen getragen. Von dem Soldaten auf dem Foto wird das normale Koppel und dazu der Kavallerie-Tragegurt getragen. Die Einhängehaken (D-Ringe) und die Schnallriemen fehlen, weil die Reiter keinen Tornister („Knappsack") mitzuführen brauchten. Dieses Tragegestell wurde umgangssprachlich als „Paradegurt" bezeichnet. Die Seitengewehrtasche für Berittene hatte einen verschließbaren Rückhaltesteg auf Höhe des Griffs. Ab Januar 1939 war er für alle Truppen vorgeschrieben, aber rückblickend läßt sich feststellen, daß sogar noch bis 1945 Seitengewehrtaschen und Seitengewehrgurttaschen ohne diesen Sicherungssteg in Verwendung waren.

Der Armeesattel M 25 wurde während des Krieges verwendet. Er war von leichtem Gewicht, aus gegerbtem Leder und hatte einen Holzrahmen. Als Satteltasche wurde die Packtasche 34 – 1934 eingeführt – verwendet. Sie bestand aus drei Teilen, nämlich der linken und rechten Tasche sowie einem verbindenden Mittelteil. In der linken Packtasche war die für das Pferd notwendige Ausrüstung untergebracht, die rechte Packtasche enthielt die persönliche Ausrüstung des Reiters. Die Reittaschen hatten Tragegurte, mit denen sie auch abgesessen am Arm getragen werden konnten. Befestigt wurden sie mit einer U-förmigen Klammer, und in ähnlicher Weise war das ganze auch vorne am Sattel festgemacht. Am Sattel waren außerdem verschiedene Stellen dafür vorgesehen, alle möglichen Gegenstände (Decke, Zeltbahn und anderes) daran festzuschnallen oder festzumachen. Auf dem Pferd war eine graue Pferdedecke als Unterlage unter den Sattel aufgelegt.

804
832

Oben:
Die Feldbluse M 40: Im Schnitt entsprach sie dem „Heeresdienstanzug Modell 1936", was nicht zu übersehen ist. Der Unterschied besteht im feldgrauen Kragen. Man achte auf die dezente Schweifung der Taschenpatten an dieser früh produzierten Feldbluse, denn tatsächlich muß sie bereits 1939 oder noch früher entstanden sein.

Oben:
Solche Reithosen wurden ohne Unterscheidung des Dienstgrades an alle Angehörigen der berittenen Einheiten ausgegeben. Es ist anzumerken, daß während des Krieges die Lederverstärkungen manchmal durch eine doppelte Lage des für die Reithose verwendeten Hosenstoffes ersetzt wurden.

Gegenüberliegende Seite oben rechts:
Zu Beginn des Krieges sahen die Schulterstücke wie hier abgebildet aus. Man kann die fachmännische Qualitätsarbeit erkennen. Das einzige Zugeständnis an die wirtschaftliche Situation war der Wegfall des Trägerstoffes an den Kragenlitzen. Die Schulterstücke haben die Vorstöße in der gelben Waffenfarbe der Kavallerie.

Links:
Das Innenfutter der Feldbluse besteht aus erdfarben-grauem Baumwolldrillich. Daran kann der frühe Fertigungszeitpunkt dieses Exemplares festgestellt werden. Man beachte, daß die Koppelhaken direkt im Stoff eingehängt werden, während zuvor Verstärkungsösen in die Einhänglöcher eingesetzt waren.

Oben rechts:
Der Armeesattel Modell 1925 zusammen mit den Packtaschen M 34, die im allgemeinen verwendet wurden. Bemerkenswert ist, wie die Hand-Trageriemen der Satteltaschen vorne an der aufgeschnallten Satteltasche befestigt sind. Man achte auch darauf, wie die Gerätschaften hinten am Sattel befestigt sind.

Rechts:
Die Feldbluse gehört zur Ausführung M 40 und hat innen die Bestempelung „Konrad Tiedt & Co Hannover H 39". Dies bedeutet, daß die Veränderung der Heeresjacke Modell 1936 bereits zu diesem frühen Zeitpunkt erfolgt ist. Die Reithose ist mit „B 44" (das steht für Berlin 1944) gestempelt, ist aber mit früheren Versionen vollkommen identisch.

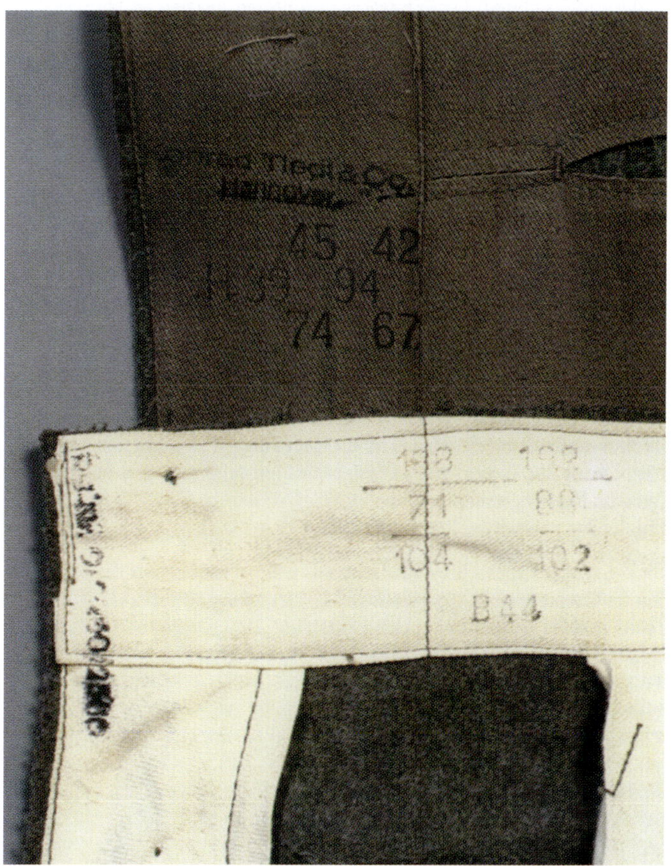

(12) **Kavallerieoffizier, Dienstanzug, Rußland 1941-1944**

Als der Krieg mit der Sowjetunion immer größere Ausmaße annahm, wurde auch die Beanspruchung und Abnutzung der Uniformen größer als in den vorausgegangenen Feldzügen. Offiziere, die zuvor vom Schneider maßgeschneiderte Uniformen verwendeten, trugen jetzt im Feld die von den Kleiderkammern ihres Standortes ausgegebenen Standarduniformen. Eine Verordnung vom Oktober 1939 bestimmte, daß in den Einsatz- und Kampfgebieten auch Offiziere dienstlich ausgegebene Kleidung tragen konnten. Manche verwendeten an den Uniformen nur die Offiziersdienstgradabzeichen, andere gaben die Uniformen zu einem Schneider, der sie in Offiziersuniformen umschneiderte. Abgesehen vom Wechsel der Abzeichen gab es zwei Veränderungen, mit denen dies erreicht wurde: der feldgraue Kragen wurde durch dunkelgrünen Stoff und die anpaßbaren Ärmelschlitze durch einen französischen Ärmelaufschlag (Rollumschlag) ersetzt.

Der abgebildete Rock wurde 1941 hergestellt und begann sein Uniformleben als normale Standardausführung einer Feldbluse Modell 1940. Nach Ausgabe durch die Bekleidungskammer nahm der Besitzer einige Veränderungen an ihr vor, wodurch sich die Jacke in eine Offiziers-Uniformjacke verwandelte. Der feldgraue Stoff am Kragen wurde durch dunkelgrünen Abzeichenstoff ersetzt, so wie es auch an den Uniformröcken der Vorkriegszeit war. Die Ärmelschlitze wurde zugenäht und statt dessen die französischen Rollumschläge angebracht. Für diese Veränderungen wurde ähnlicher, aber nicht ganz identischer Stoff verwendet. Die am Arm weit hochreichenden Ärmelaufschläge waren nicht nur eine Sache des Status, sondern wurden auch gerne von den Offizieren als zusätzliche Tasche verwendet, in die man Dokumente einstecken konnte. Die Innenseite der Feldbluse ist Beweis für die aufwendige Arbeit, die vorgenommene wurde. Alle Gürtelhakeneinhängestege wurden entfernt und die Rückensäume von außen in die Innenseite verlegt, wodurch die Feldbluse an der Taille einen besseren Sitz erhielt. Aus modischen Gründen wurde die Feldbluse in der Länge gekürzt. Dafür mußten die unteren Taschen an den Seiten abgenommen und neu aufgenäht werden.

Die Uniformabzeichen bestehen aus den handgestickten Offizierslitzen am Kragen, die in der Mitte einen dünnen Streifen in der gelben Waffenfarbe der Kavallerie hatten, und dem auf der Brust aufgenähten gestickten Hoheitsadler. Die Schulterstücke sind am Schulteransatz angenäht. Die ursprünglich vorhandenen Einsteckschlaufen für die abnehmbaren Schulterstücke wurden entfernt. Der Rangstern eines Oberleutnants und das Truppenkennzeichen – die Nummer der Einheit – sind aus goldfarbenem Weißmetall. Der in gotischer Schreibweise dargestellte Buchstabe „L" für „Lehr" macht den Oberleutnant als Angehörigen einer Ausbildungseinheit erkennbar. Die Schulterstücke bestehen aus silberfarbenen Plattschnürsträngen aus der Kriegszeit. Die Unterlage zeigt die goldgelbe Waffenfarbe der Kavallerie. Auf der linken Brusttasche ist das Eiserne Kreuz 1. Klasse (EK I), das Allgemeine Sturmabzeichen (es wurde für die Teilnahme an einem Sturmangriff an Angehörige von Einheiten verliehen, die nicht zur Infanterie oder zur Panzertruppe gehörten) und das schwarze Verwundetenabzeichen angesteckt.

Die Schirmmütze ist im Farbton grüner und in der Wollart feldgrauer als die zuvor dargestellten Mützen, was wahrscheinlich auf die privat gekaufte Qualitätsstufe „Sonderklasse" zurückgeht. Innen hat die Mütze ein feines goldfarbenes Futter aus Kunststeide, ein ventiliertes Schweißband und einen Schweißschutz aus Zelluloid, auf das sorgfältig der Name des Herstellers Armin Greiner aus Bad Warmbrunn mit dem Zusatz „Spezialhaus für Uniformen" aufgebracht ist. Beide Mützenabzeichen sind aus erhaben geprägtem Metall. Die vorgestoßene Waffenfarbe am Deckelrand der Mütze und die Mützenkordel sind von herkömmlicher Art. Die hier abgebildete Reithose hat eine Sitzverstärkung aus braunem Leder, das durch die Verwendung stark nachgedunkelt ist. Solche Reithosen erhielten alle Dienstgrade mit Ausnahme der Generale. Diese Hose hat ein Taillenband aus weißem Leinen sowie Taschen. Die Reitstiefel sind angepaßte Offiziersstiefel mit langem Schaft und weich im Knöchelbereich, um das Tragen beim Reiten angenehm zu machen. Eine Anweisung aus dem Jahr 1939 regelte, daß im Feld der einheitliche Offiziersleibriemen zu tragen sei. Sie wurde meist ignoriert. Der Offizier hier trägt den braunen Feldgürtel mit der aufgeschlauften Melde-/Kartentasche M 35 mit Vollklappe und dem Holster der 9 mm-Browning-Pistole, die im besetzen Belgien für die Wehrmacht produziert wurde. Außerdem hat er das Heeresmodell der 2,7 cm-Signalpistole von Walther bei sich. Sie wird in einer Tasche untergebracht, die an einem Schulterriemen am Oberkörper getragen wird.

Oben links:
Die Offiziersmütze der Kavallerie in sogenannter „Feldqualität" ist privat beschafft und in einem sehr grünlichen feldgrauen Farbton gehalten. Ansonsten entspricht diese Mütze äußerlich den Vorschriften.

Oben:
Die Mützenauskleidung ist nicht ganz vorschriftsmäßig, denn die Schirmunterseite, das Innenfutter und das Schweißband müßten eigentlich in der gleichen Farbe sein. Beachtenswert ist auch die sorgfältig aufgebrachte Bezeichnung des Herstellers auf dem Schweißschutz.

Links:
Das modisch schicke Aussehen dieser ehemaligen Standard-Feldbluse M 40 rührt von einer teilweisen Umarbeitung durch einen Schneider. Allerdings sind die Durchführungsöffnungen für die Gürtelhaken noch immer vorhanden woran erkennbar ist, daß die Feldbluse ursprünglich für alle Dienstgrade gedacht war.

Gegenüberliegende Seite oben:
Die goldgelben Abzeichen auf den Schulterstücken – der Stern steht für den Dienstrang Oberleutnant und der Buchstabe „L" für „Lehr" – sind aus Weißmetall gestanzt und in goldener Farbe. Die gelbfarbenen Litzenspiegel an den Kragenlitzen stehen für die Kavallerie. Die nicht glatte, sondern gewölbte Oberfläche des Brustadlers ist eine typische Erscheinung bei handgestickten Hoheitsabzeichen.

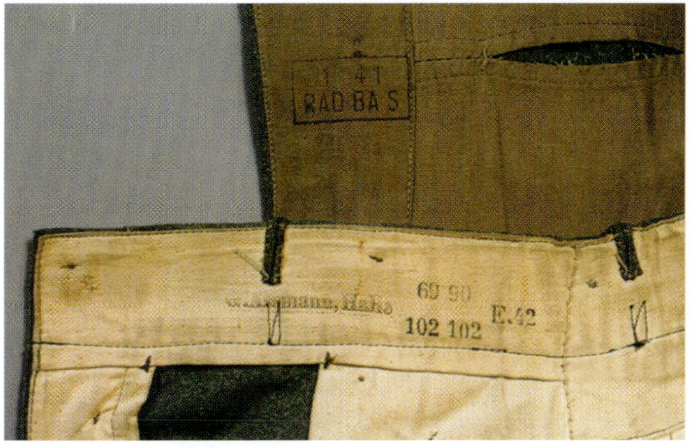

Oben:
Die Markierung in der Feldbluse (oben im Bild) ist wahrscheinlich die Einstempelung des Schneidermeisters der Truppeneinheit mit der Größe des Kleidungsstückes. Die Reithosen (unten im Bild) haben ausführliche Einstempelungen und Markierungen, zu denen der Hersteller, die Größe und das Depot („E 42“ für „Erfurt 1942“) gehören.

Rechts:
Diese Leuchtpistole, auch Signalpistole genannt (Heeresmodell eingeführt 1928), war eine von zwei Pistolenmodellen dieser Art, die während des Krieges verwendet wurden. Die etwas größere Version ist von 1935. Die 2,7 cm-Patrone ist am Hülsenboden geriffelt, um sie auch bei Nacht erkennen zu können. Die lederne Pistolentasche hat an der Taschenklappe einen Verschlußriemen und unten eine Halterung für den Reinigungsstab. Der Schulterriemen wurde auf der Rückseite der Pistolentasche mit zwei Durchführungsringen befestigt.

(13) **Artillerist, Posten in Winterbekleidung, Rußland 1941**

Als Deutschland am 22. Juni 1941 die Sowjetunion angriff, sah der Operationsplan vor, daß die Rote Armee im Westen Rußlands eingekesselt, in einer Kesselschlacht vernichtet und Leningrad, Moskau und die Ukraine noch vor Winterbeginn besetzt würden. Trotz fast unglaublicher Erfolge und Siege blieb jedoch die Wehrmacht kurz vor Moskau zunächst im Oktober im Matsch stecken und kam dann ab November wegen des Schnees nicht mehr weiter. Gleichzeitig brach der sowjetische Gegenangriff los. Die deutschen Truppen mußten in diesem seit Menschengedenken kältesten Winter Halt machen. Für diesen Winterkrieg waren die Deutschen nicht ausgerüstet. Während der Friedenszeit war die Verwendung von Wintermaterial auf den kalendarisch jahreszeitlichen Winter begrenzt. Die Winterausrüstung war zudem nur ausreichend für gemäßigte Klimazonen, aber keinesfalls für den Frosthorror im Norden Rußlands. Die Zahl der Erfrierungsopfer überstieg bald die der Verwundeten durch Kampfhandlungen. Manche Bereiche waren aufgrund ihres Einsatzes gefährdeter als andere, dazu zählten die Wachposten und andere stillstehende oder ungeschützte Personen, die ihren Dienst im Freien oder sonst ungeschützt leisten mußten. Die Soldaten wollten überleben und improvisierten. Sie verwendeten erbeutete russische Winteruniformen und Stiefel, stopften sich die Kleidung mit Papier oder Stroh aus oder trugen so viel Kleidungsstücke wie möglich übereinander. Und in Deutschland wurde durch das Winterhilfswerk eine Sammelaktion von Winterkleidung und zivilen Pelzmänteln für die Front durchgeführt.

Von November 1934 an wurde die Wehrmacht mit dem Übermantel ausgerüstet, der für Wachposten oder Fahrer gedacht war und zu diesem Dienst als fester Bestandteil dazugehörte. Er war einer der wenigen geeigneten Bekleidungsgegenstände und wurde im ersten Winter an der Ostfront in beträchtlichem Ausmaß verwendet. Der Mantel entstammte dem Feldmantel, hatte aber zusätzliche Merkmale und Bestandteile, die zum Schutz des Trägers vor dem Wetter beitragen sollten. Außerdem war er sehr großzügig im Zuschnitt und in der Größe, da er über der Uniform und der Feldausrüstung getragen werden sollte. Allerdings trugen die meisten Soldaten die Ausrüstung dann doch nicht unter, sondern bevorzugt über dem Mantel. Zwei übereinander knöpfbare Jackenaufschläge, von denen der äußere besonders großflächig war, konnten durch eine Doppelreihe von jeweils sechs Knöpfen geschlossen werden. Auch in der Länge wurde er erweitert und reichte bis zu den Fußknöcheln. Wie am normalen Feldmantel waren auch hier an den Hüften zwei Seitentaschen mit Taschenklappen angebracht. Zusätzlich hatte er noch an den Seiten auf Brusthöhe zwei Mufftaschen. Die Schulterabzeichen konnten auf jeder Schulter an einer Schlaufe und einem Knopf befestigt werden. Die Ärmel hatten die weit hochreichenden französischen Ärmelaufschlage. Der Kragen des Vorkriegsmodells war aus dunkelgrünem Abzeichentuch, wurde aber später in feldgrauem Stoff gefertigt. Durch einen angebrachten, knöpfbaren kleinen Steg war es möglich, den hochgeschlagenen Kragen in dieser Stellung zu fixieren. Hinten am Kragen war ein horizontaler Schlitz, in dem eine zusammengerollte Kapuze aus feldgrauem Drillichstoff, ähnlich dem auch am Uniformrock oder im Mantel als Innenfutter verwendeten, saß. Die aufgerollte Kapuze wurde durch einen kleinen vertikalen Stoffsteg und einen Knopf unter dem Mantelkragen gehalten. Auf der Mantelrückseite sind zwei mit Knöpfen versehene Halbgürtel. Darunter liegt ein vertikaler Mantelschlitz, der sich vom Mantelsaum bis kurz unter die beiden Rückenhalbgürtel zieht. Er kann durch eine mit vier Knöpfen versehene Knopfleiste geschlossen werden. Der Wachmantel war innen vollständig mit grauem oder schwarzem Wollstoff gefüttert. Auf der linken Brustseite befand sich eine Innentasche. An einem schmalen Stoffsteg, der innen auf der linken Hüftseite angebracht war, konnte der rechte Mantelaufschlag festgemacht werden. In der Tasche dieses Mantelbeispiels befindet sich eine Bestempelung, aus der mit der Bezeichnung „R. Schmidt" der Herstellername hervorgeht und das Lagerdepot mit „Erfurt, 1939" benannt wird. Die Ärmel weisen unter der feldgrauen Fütterung aus Drillichstoff eine weitere isolierende Fütterung auf.

Die Winterstiefel gab es in zwei Ausführungen. Die später verwendete Version wurde einfach über den Marschstiefeln getragen, so wie dies auch bei der ersten hier abgebildeten Stiefelausführung war. Diese Überschuhe waren vor allem für Soldaten gedacht, die einen gleichbleibenden, auf eine Stelle begrenzten Dienst ausführten mußten, so wie ihn zum Beispiel die Wachposten ableisteten. Der Fußteil der Stiefel bestand aus Leder, der lange Schaft aus Filz. Vorne am Schaft befand sich ein lederverstärkter Schlitz, der mit zwei ledernen Schnallriemen verschlossen wurde. Der Fersenteil bis hinauf zum Schaftende war mit einem Lederbesatz verstärkt, ebenso das Schaftende. Die Schuhsohle bestand aus 5 cm dickem Holz. Dies diente alles der Kälteisolierung.

Die Strickhandschuhe, die der Soldat auf dem Bild trägt, waren in dieser Art Standardausrüstung im deutschen Heer. Sie bestanden aus grauer Wolle. Die Handschuhe gab es in den vier Normgrößen klein, mittel, groß und sehr groß. Sie waren durch eingestrickte weiße Ringe am Handgelenk erkennbar: ein Ring war die kleine Größe, vier Ringe war die sehr große Größe. Der schlauchartige, elastische Kopfschützer war zwar einfach gestrickt, aber ein vielseitig verwendbares und beliebtes Ausrüstungsstück. Er konnte unter den Kragen eingesteckt werden und bedeckte, wenn er angelegt war, den Hals- und Nackenbereich sowie die Ohren. Je nach Notwendigkeit oder Absicht konnte der Soldat das Teil als Halstuch oder Gesichtsschutz verwenden. Auch war es möglich, ihn unter dem Stahlhelm oder einer anderen Kopfbedeckung zu tragen.

Links:
Der flächenmäßig große Umfang des Wachmantels und die Länge sind hier anschaulich sichtbar. Man beachte die horizontale Saumnaht unten am Mantel, an der man erkennen kann, wo das Innenfutter aufhört.

Oben:
Felljacken wie diese wurden örtlich hergestellt und waren als ergänzende Bekleidung gedacht, die tröpfchenweise als Spende von der Heimat an die Front ging. Die Jacke besteht aus Kaninchenfell und hat Wollknöpfe. Andere Versionen waren ärmellose Westen. Solche Notbehelfe wurden normalerweise unter dem Mantel getragen.

Links:
Das Innenfutter besteht aus festem Wolldeckenstoff, es gab feldgrauen und schwarzen. Die gesamte Innenseite des Mantels war damit abgedeckt. In den Ärmeln wurde zur Abdeckung einer isolierenden Zwischenschicht der etwas leichtere graubraune Drillichstoff verwendet. Man beachte die Innentasche auf der rechten Brust und den Stoffriegel, an dem der rechte Mantelaufschlag mittels Knopf innen befestigt wurde.

Oben links:
Die grauen Strickhandschuhe und der schlauchartige elastische Kopfschützer, auch als Halstuch verwendbar. Das Handschuhpaar ist für mittlere Handgrößen, was an den zwei eingestrickten weißen Ringen erkennbar ist.

Oben:
Diese Art von Überschuhen – der eine ist hier mit einem einsteckenden Offiziersstiefel zu sehen – waren gedacht für Personen, die als Wachposten und bei anderen Aufgaben wenig oder keine Bewegung hatten. Nötigenfalls wurden sie aber auch auf Märschen und in Bewegung getragen. Bemerkenswert ist die Konstruktion dieser aus Filz und Leder bestehenden Stiefel sowie die hohe Holzsohle.

Links:
Eine besondere Sache am Wachmantel war die integrierte Kapuze, die zusammengerollt unter dem Kragen verstaut werden konnte. Sie bestand jedoch nur aus einer Lage Drillichstoff und konnte nicht viel Schutz geboten haben. Die feldgrauen Schulterstücke sind in der roten Waffenfarbe der Artillerie vorgestoßen.

(14) **Gendarm der Feldgendarmerie des Heeres, Kradmantel in leichter Version, Süd-Rußland, 1942-1944**

Die Feldgendarmerie des Heeres wurde 1939 während der deutschen Mobilmachung formiert. Sie bestand aus einberufenen Angehörigen der deutschen Polizeiorganisationen, bevorzugt aus der motorisierten Gendarmerie. Sie bildeten eine Kerntruppe, die durch geeignete Wehrmachtsangehörige aus dem Bereich der Unteroffiziere mit Portepee verstärkt wurde. Jeder Armee war ein Bataillon Feldgendarmerie zugeordnet, und zu jeder Division gehörte ein Kompanie-Trupp. Dieser Trupp war das, was man „unteroffizierslastig" bezeichnet, denn er bestand aus 3 Offizieren, 41 Unteroffiziersdienstgraden und 20 Mannschaftsdienstgraden. Alle Einheiten waren motorisiert und hatten als Fahrzeugausrüstung Kräder, Beiwagenkräder, leichte und schwere geländegängige Fahrzeuge und Lastkraftwagen. Die Bewaffnung bestand aus Handfeuerwaffen und Maschinengewehre. Die Feldgendarmerie hatte ein weites Aufgabengebiet und sehr weitreichende Befugnisse. Zu den Aufgaben gehörte die Regelung und Überwachung des Verkehrs, Personen- und Ausweiskontrollen von Wehrmachtsangehörigen, Sicherstellung von Dokumenten und verwertbarem Material bei Gefangenen, Verhaftung von Fahnenflüchtigen, Leitung von Einsätzen gegen Partisanen und weitere ordnungspolizeiliche Aufgaben, die der Aufrechterhaltung von Ordnung und Disziplin dienten. Die Feldgendarmerie hatte das uneingeschränkte Recht, alle Posten zu passieren und gesperrte Gebiete zu betreten. Sie konnte von jedem Soldaten die Ausweispapiere, unabhängig von dessen Dienstrang, verlangen.

Die Feldgendarmen trugen die gleiche Uniform wie sie im Heer üblich war, hatten die orangene Waffenfarbe und trugen am linken Ärmel einen speziellen Ärmelstreifen und ein weiteres Stoffabzeichen am Oberarm. Am deutlichsten war der Unterschied jedoch am charakteristischen Feldgendarmerie-Ringkragen zu sehen. Dieses Dienstabzeichen aus Metall zeigte an, daß der Feldgendarm im Dienst war und verlieh ihm die größte Autorität. Die Kette des Ringkragens war die Ursache für den Spitznamen „Kettenhunde", mit dem die Feldgendarmen bedacht wurden.

Der Kradmantel ist bekannter in der wasserdichten gummierten Version. Die Farbe war feldgrau oder feldgrün, und der obere äußere Kragen bestand aus Feldblusentuch, während die Unterseite wie der gesamte Mantel aus gummiertem Stoff gefertigt war. Der hier abgebildete Kradmantel ist die leichtere Ausführung aus olivfarbenem Segeltuchdrillich, so wie er in Afrika, Süd-Europa und im südlichen Rußland verwendet wurde. Der Mantel hat weit übereinanderliegende Mantelaufschläge und um die Hüfte einen Halbgürtel mit drei Knopflöchern an der Spitze des Gürtels, mit denen der Mantel angepaßt wird. Links und rechts an der Hüfte ist eine kleine Knopfleiste mit einem Knopf zum Zuknöpfen angebracht. Der äußere linke Knopf gehört zum rechten Knopfloch des Gürtels, der innen liegende rechte Mantelaufschlag wird an einer Knopfleiste, die innen auf der linken Hüftseite ist, mit drei Knöpfen festgemacht. Mit zwei Knöpfen, die links und rechts in jeweils einer Reihe im oberen Bereich des Mantelvorderteils angebracht sind, kann der Kradmantel bis zum Hals verschlossen werden, so wie dies auch beim Feldmantel und beim Wachmantel ist.

Durch vorne und hinten am Mantel angebrachte verschiedene Knöpfe und Knopflöcher ist es möglich, daß der untere Teil des Mantels um die Beine gelegt, fest geknöpft und verkürzt werden kann. Das ist besonders beim Motorradfahren sehr sinnvoll und angenehm. Die Weite der Ärmelenden war durch einen Knopf und zwei Knopflöcher verstellbar. Diese umfangreichen Ein- und Verstellmöglichkeiten am Mantel sorgten dafür, daß der Kradfahrer rundum verschlossen und abgedichtet einen größtmöglichen Wetterschutz hatte. Auf der Rückseite ist von den Schultern abwärts ein weitreichender Besatz mit einer Mittelfalte angebracht. Unter dem Besatz ist horizontal eine Ventilationsleiste verborgen, die mit „Aertex"-Material abgedeckt ist. Auf jeder Hüfte war eine schräg eingesetzte große Tasche mit nach vorne aufknöpfbarer Abdeckklappe, und auf der rechten Brustseite befindet sich eine vertikale Tasche ohne Abdeckklappe. Der Kragen an diesem für gemäßigte Temperaturen bestimmten Schutzmantel war aus dem gleichen Material wie der Mantel selbst. (Die andere gummierte Version des wasserfesten Kradmantels war von 1934-1935 feldgrau, dann bis 1940 in der dunkelgrünen Farbe des Abzeichentuches bis schließlich zur feldgrauen Farb- und Stoffausführung gewechselt wurde, in dem auch die Feldblusen waren). Auf den Schultern war jeweils eine Schlaufe und ein Knopf angebracht, mit denen die Schulterabzeichen befestigt wurden. Sie waren das einzige Abzeichen am Mantel überhaupt. Auf dem Foto sind die feldgrauen Schulterstücke zu sehen. An der orangenen Waffenfarbe der Vorstöße ist erkennbar, daß es sich um einen Feldgendarmen handelt.

Die Feldgendarmerie-Ringkragen sind in einer Art gestaltet, daß sie jederzeit gut sichtbar und erkennbar waren, beispielsweise auch bei Nacht im Scheinwerferlicht. Die sichelförmige Trägerplatte war aus gestanztem Stahl Für spätere Versionen wurde leichteres Metall verwendet. In der Mitte befand sich der Hoheitsadler mit ausgebreiteten Flügeln und darunter auf dunkelgrauem Schriftband die Aufschrift „Feldgendarmerie". In den beiden Ecken sind links und rechts gekörnte Knöpfe, die auf die Rückseite des Schildes durchgehakt sind. Die Knöpfe, der Adler und der Schriftzug sind mit einer zitronengelben Leuchtfarbe lackiert. Das Spruchband ist dunkelgrün. Dadurch konnte die Feldgendarmerie auch bei Dunkelheit leicht erkannt werden. Die Kette des Ringkragens ist etwa 60 cm lang und bestand aus miteinander verbundenen Drahtgliedern und Blechhülsen. In der einen Ecke des Dienstschildes war sie festgenietet und auf der anderen Seite in einen etwa 5 cm langen flachen Haken auf der Rückseite des Schildes eingehakt. Auf der Rückseite des Schildes ist etwa mittig ein identischer flacher Haken angebracht. Mit ihm kann der Ringkragen in ein Knopfloch der Feldbluse eingehakt werden. Er bleibt dadurch auf der Brust des Trägers fixiert. Die Rückseite ist entweder mit feldgrauem Stoff oder mit spröder gepreßter Pappe bespannt.

Am normalen Koppel aufgeschlauft trägt dieser Soldat zwei Magazintaschen für seine Maschinenpistole MP 40 mit einer Magazinkapazität von 32 Patronen. Die Diensttaschenlampe ist an einem der Knöpfe vorne am Mantel angeknöpft. Er ist im Verkehrsdienst eingesetzt und regelt mit einer Verkehrskelle den Verkehr.

Oben links und oben:
Der Stahlhelm des Musters M 35 hat jetzt eine eher feldgrün zu nennende als eine feldgraue Farbe. Auf der Helmseite ist nur noch das Hoheitsabzeichen mit dem Adler. Das Emblem mit den deutschen Nationalfarben wurde ab 1940 nicht mehr aufgebracht und entfernt, da es im Fronteinsatz zu sichtbar war. Die Innenausstattung des Helmes entspricht dem Standardmodell M 31. Und hier ist das sichtbar, was üblich war: der Besitzer des Helmes vermerkte innen an der hinteren Helmseite seinen Namen und seine Stammrollennummer.

Links:
Der Kradmantel war locker im Schnitt. Beide Versionen, der leichte Kradmantel und die schwere gummierte Ausführung, sollten die Möglichkeit bieten, darunter die aufs Koppel aufgeschnallte Ausrüstung zu tragen. Praktisch wurde dies aber nicht so gehandhabt. Zu beachten sind die Seitentaschen und die mit einem Knopfloch und zwei Knöpfen anpaßbar zu verschließenden Ärmel, die Knopflasche an der rechten Hüfte und die Knöpfe unten am Mantel, mit denen der Mantel um die Beine geknöpft werden konnte.

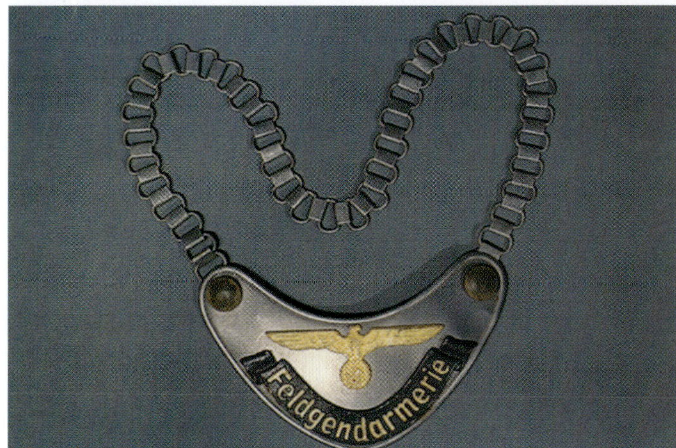

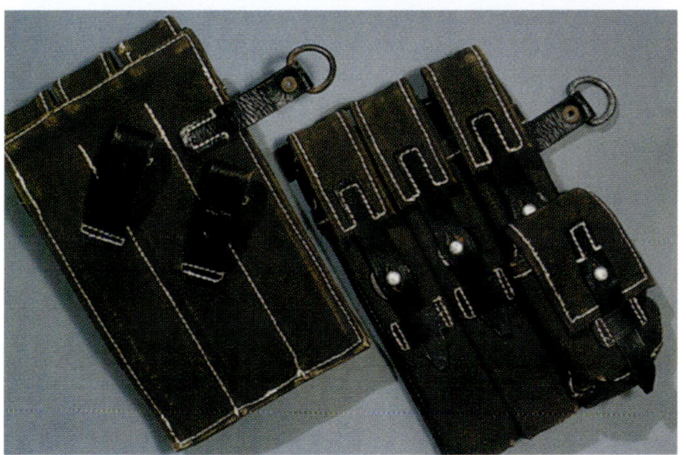

Oben:
Innen im Mantel: Das hellgraue „Aertex"-Material im Schulterbereich sorgt für Durchlüftung und Temperaturausgleich Die selbe Aufgabe haben auch Lüftungsöffnungen in den Achselhöhlen. Außerdem zu sehen: der Stoffsteg mit den drei Knöpfen zum Festknöpfen der rechten Mantelseite, die zwei Knopfleisten links und rechts und die Stoffleisten mit den Knopflöchern zur Mantelsicherung.

Links:
Diese etwas spätere Version des Ringkragens ist aus gestanztem Leichtmetall und hat eine mit gepreßter Pappe bespannte Rückseite. Beachtenswert ist die zitronengelbe Lackierung des Schriftzuges und des Adlers.

Unten links:
Zwei der Magazintaschen mit je drei Magazinen für die Maschinenpistole MP 38/MP 40 im Kaliber 9 mm (die sogenannte „Schmeisser"). Die Magazintaschen sind in ungebrauchtem Zustand. Die Gürtelschlaufen und der D-förmige Ring an dem kurzen schrägsitzenden Steg zum Einhaken in die Träger des Koppeltragegestells (damit das Gewicht der Magazine gleichmäßiger verteilt wird) und die auf der Magazintasche aufsitzende kleine Tasche für das Ladewerkzeug (diese wurde auf der linken Körperseite getragen) sind besonders zu beachten. In die Schlaufen ist hier eingestempelt „clg 43" mit dem Prüfungsstempel des Waffenamtes und „MP 38 u. 40".

(15) Soldat einer Panzerabwehreinheit, Tropenanzug, Nordafrika 1943

Die ersten Truppenteile des Deutschen Afrikakorps (kurz DAK genannt) erreichten mit ihrem Kommandeur, Generalleutnant Erwin Rommel, im Februar 1941 das nordafrikanische Libyen. Im weiteren Zeitverlauf unterlagen die zwischenzeitlich zur „Panzerarmee Afrika" mutierten deutschen Truppen im Mai 1943 in Tunesien den überlegenen britischen und amerikanischen Gegnern. Eine militärische Legende war geboren. Deutschland verfügte nur über begrenzte Erfahrung mit Kampfeinsätzen im geografisch tropischen Bereich. Und fast alle Anforderungen an die militärische Ausrüstung waren den Notwendigkeiten vor Ort entnommen worden. Auf diesen historischen Erfahrungen basierend wurde ein neuartiger Tropenanzug 1940 im Tropischen Institut in Hamburg entwickelt. Die Zeit und die praktische Erfahrung an der Front waren Lehrmeister und sorgten dafür, daß manches sich von allein erledigte und anderes verbessert wurde. Hier auf dem Foto wird der Tropenanzug von einem Gefreiten einer Panzerabwehreinheit getragen, ausgerüstet für den Dienst in vorderster Linie oder als Beobachtungsposten im Vorfeld der Front.

Die Tropenfeldbluse entsprach im Schnittmuster der üblichen Feldbluse, aber mit offenem Kragen. Hergestellt aus hartem Baumwolltwill, der ursprünglich oliv in der Farbe war. Später gab es aber auch Ausführungen in braunem Farbton. Wenn die Kleidung länger getragen oder häufiger gewaschen wurde, entstanden unterschiedliche farbliche Schattierungen. Feldblusen von 1941 oder früher haben Quetschfalten und geschweifte Patten an den Taschen. Ende 1942 verschwanden die Falten an den Taschen, und die Abdeckpatten hatten ab Frühjahr 1943 eine rechteckige Form. Die Jacke hatte vorne an der Knopfleiste fünf (manchmal vier) gekörnte olivfarben lackierte Knöpfe. Sowohl diese Knöpfe als auch die Taschenknöpfe waren nicht angenäht, sondern eingesetzt und auf der Innenseite der Jacke mit S-förmigen Splinten gesichert. Es gab kein Innenfutter, nur eine Baumwollverstärkung unter den Achselhöhlen. Innen befand sich unten auf der rechten Seite eine kleine Tasche für ein Verbandspäckchen aufgenäht. Auf jeder Hüftseite war eine Koppeltragehilfe eingenäht. Die Ärmel hatten unten den üblichen Schlitz, um durch Knöpfe und Knöpflöcher die individuelle Anpassung vornehmen zu können. Die Knöpfe an dieser Stelle bestanden aus gepreßter Pappe.

Die Abzeichen waren von gleicher Art, wie die in Europa an den Uniformen getragenen. Nur der Brustadler, der Mützenadler und die Kragenlitzen waren mit hellem grau-blauem Faden auf dunklen sandfarbigen oder senffarbigen Untergrund aufgewoben. Das Dienstgradabzeichen auf dem Oberarm für Mannschaftsdienstgrade und die Kragen- und Schulterabzeichen ab den Unteroffiziersdienstgraden aufwärts sind kupferbraun anstelle silbern oder grau. Die Schulterabzeichen und die Feldblusen wurden aus den Herstellungsfabriken zusammengehörend geliefert. Doch durch Ersatz und Austausch von Feldblusen oder durch Versetzungen und Truppenverlegungen in andere Bereiche sah die Realität so aus, daß die Schulterstücke nicht der Feldbluse entsprachen. Die Schulterstücke für Mannschaften und Unteroffizierskorps waren abnehmbar und auf der Unterseite aus feldgrauem Wollstoff. Wegen der Verknappung wurden sehr viele der für die europäische Uniformart vorgeschriebenen Abzeichen an den Tropenuniformen verwendet. Sehr oft kam es auch zu Kombinationen von beiden Abzeichenarten am Tropenanzug. Offiziere trugen die gleiche Feldbluse wie die Mannschaften und andere Dienstgrade. Es war Sache des einzelnen, die europäischen Abzeichen auszuwechseln. Manche beschränkten sich darauf, lediglich die Dienstgradabzeichen auf den Schultern zu wechseln und behielten die eingeführten Brustadler und Kragenlitzen, andere trugen alle dem afrikanischen Einsatzgebiet entsprechenden Offiziersabzeichen. Man kann auch viele Kombinationen bei den Offizieren sehen.

Die Feldhosen bestehen entweder aus dem gleichen Material wie die Feldblusen oder aus stark geripptem Baumwolltwill. Sie haben vorne zwei Seitentaschen und eine Uhrentasche mit Ring sowie eine Tasche hinten. Im Hosenbund ist ein Gürtel mit Dreidornschnalle eingearbeitet, die vorne geschlossen wird, und Stoffstege und Knöpfe für die Hosenträger. Die Hosen hatten einen eindeutigen Reithosen-Zuschnitt am Oberschenkel und am Hosenbeinsaum Zugbänder zum Zubinden der gerade geschnittenen Hosenbeine. An der Hose wurden flache Metallknöpfe zum Zuknöpfen verwendet. In einigen wenigen Einsatzgebieten fanden auch kurze Hosen Verwendung. Eine andere Version waren Hosen mit gerade geschnittenen Hosenbeinen, die aber bauschig und somit luftig waren. Sie wurden auf Höhe der Fußknöchel verschlossen.

Auf dem nordafrikanischen Kriegsschauplatz wurden verschiedene Kopfbedeckungen getragen. Der rationelle Tropenhelm war eigentlich die Grundausstattung, aber unpraktisch und unbeliebt. Eine Tropenversion der Feldmütze M 34 – die Tropen-Feldmütze – wurde ausgegeben. Sie war leicht und behinderte nicht, bot aber gegen die Sonne kaum Schutz. Die beliebteste und bekannteste Mütze, die auch zum Symbol des Afrikakorps wurde, war die Feldmütze mit Schirm, die in ihrer Form von der Bergmütze der Gebirgsjäger abstammte und die auch das Grundmodell für die M 43 „Einheitsfeldmütze" war. Vom Grunde her war es eine Mütze M 34 mit einem Schirm in der selben oliven Farbe wie die Feldbluse. In dieser Art war auch die Tropenversion der M 34 hergestellt. Sie hatte aber eine scharlachrote Innenfütterung. An der Mütze angebracht waren der Hoheitsadler und die auf einem braunen Rechteck flach aufgewobene Reichskokarde und – bis dies durch Anweisung im September 1942 geändert wurde – die Soutache (scherzhaft bedacht mit solchen Bezeichnungen wie „Rußland-Litze" und ähnlichem) in der entsprechenden Waffenfarbe. Für den Tropeneinsatz wurde der Stahlhelm in der gleichen sandfarbenen Art wie die Fahrzeuge gespritzt, manchmal mit einer Mischung aus Farbe und Sand, um die Oberfläche matt erscheinen zu lassen.

Speziell entwickelt wurden auch die Tropenstiefel, die aus einer Materialmischung aus olivem Segeltuchstoff und braunem Lederbesatz bestanden. Sie boten einen sehr guten Schutz. Die ursprünglich bis zur Wade reichende Version war wegen der schwierigen und komplizierten Schnürung sehr unbeliebt. Daher wurde eine fußknöchelhohe Version eingeführt, die eine sehr hohe Akzeptanz fand.

Links:
Die tropische Einheitsfeldmütze bestand aus dünnem, aber hartem Baumwolldrillich-Stoff im Farbton oliv und hatte eine dunkelrote Innenauskleidung. Man beachte die farbliche Gestaltung der Abzeichen für die Tropenuniformen und die Soutache, hier in der hellblauen Farbe der Fahr- und Kraftfahrabteilungen. Innen ist die Mütze mit „Franz Richter & Söhne 1942" beschriftet.

Unten links:
Die tropische Feldbluse der Version von 1943 ohne Schweifung der Taschenklappen und ohne Quetschfalten an den Taschen. Die Jacke wurde gekürzt, was dem modischen Geschmack entsprach. Der kupferfarbene Winkel auf dem olivfarbenen Trägerstoff am linken Oberarm ist das Dienstgradabzeichen eines Gefreiten. Der gerippte Hosentwill ist gut erkennbar.

Unten:
Die Tropenabzeichen: Der Ärmelstreifen „AFRIKAKORPS" wurde im Juli 1941 als Zugehörigkeits- und Verbandsabzeichen eingeführt. Er war auch weiterhin bei den schon länger im Afrikakorps dienenden Soldaten zu sehen, obwohl er im Januar 1943 durch den Ärmelstreifen „Afrika" mit Palmen ersetzt wurde. Zu beachten sind die hellgraue Kragenlitze und der Hoheitsadler auf senffarbenem Grund sowie die feldgraue Unterseite der olivfarbenen Schulterklappen aus Segeltuchstoff, die in der rosafarbenen Waffenfarbe der Panzerabwehrtruppe vorgestoßen sind.

Rechts:
Tropische Feldausrüstung: Die Webgurttasche des Seitengewehres und das Koppel sind aus olivfarbenem Stoffgewebe und nicht aus Leder, weil Leder sich in der Hitze zu schnell zersetzte. Die Magazintaschen der Maschinenpistole MP 40 aus Stoffgewebe mit Lederverschlüssen, bestempelt mit „Gustav Reinhardt Berlin 1940". Die Feldflasche mit einer holzartigen Isolierhülle aus Kunststoff; eine Einstecktasche wird für sie nicht benötigt.

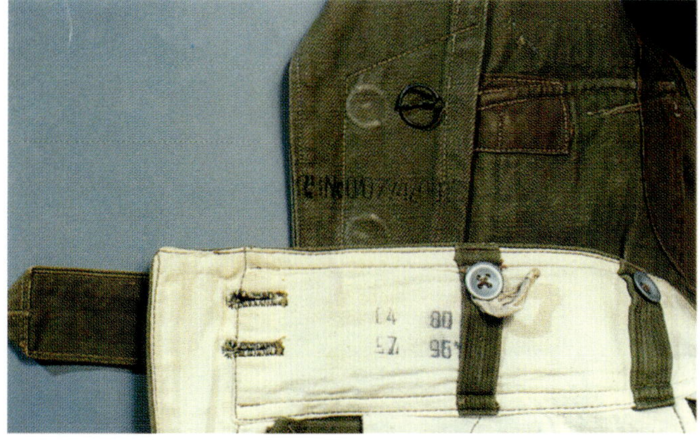

Oben:
Materialbestempelung: Im Frühjahr 1943 wurden die bisherigen Depot- und Lagerbestempelungen durch ein einheitliches kodiertes Nummernsystem ersetzt. Diese Feldbluse (oben) trägt die Reichsbetriebsnummer RB Nr. 0/0774/000. Die Hose (unten) zeigt als Stempelung nur die Hosengröße. Zu beachten ist der gut sichtbare s-förmige Haltering für die herausknöpfbaren Knöpfe an der Feldbluse.

Rechts:
Die hohen Tropenstiefel. Es waren die weltweit ersten Armeestiefel dieser Art. Die zeitraubende Schnürung machte sie allerdings sehr unbeliebt in der Truppe. Beide Versionen der Tropenstiefel (wadenhoch und knöchelhoch) gab es mit und ohne Stiefelnägel als Sohlenbenagelung.

(16) Artillerist, schilfgrüner Drillich-Felddienstanzug, Rußland 1943-1944

Die ersten Monate des Jahres 1943 waren die Schicksalsmonate der deutschen Wehrmacht. Das Desaster von Stalingrad forderte 200.000 Tote oder in Gefangenschaft Geratene. In Tunesien kapitulierten 4 Monate später 240.000 Mann. Deutsche Truppen kämpften in frostiger Kälte und in brütend heißer Sommerhitze und sahen sich oft vor die Aufgabe gestellt, schnellstmöglich einer irgendwo anders liegenden, weit entfernten Front zu Hilfe zu eilen. Viele Uniformausführungen waren durch die wirtschaftlichen Einschränkungen während des Krieges bedingt, jedoch wurde ein klarer Weg beschritten, um durch Forschung und Entwicklung von neuen Uniformen und Ausrüstungen die Wehrmacht mit dem besten Material zu versorgen. Die Verwendung der schilfgrünen Arbeitsuniform, an der jetzt auch die Abzeichen angebracht waren, als Felddienstanzug für die heiße Sommerzeit wurde als praktische und sinnvolle Umsetzung der Möglichkeiten auf diesem Gebiet anerkannt. Dieser Hintergrund hatte die Einführung des zweckdienlichen schilfgrünen Drillich-Felddienstanzuges in der Wehrmacht zur Folge. Diese leichte und langlebige Kleidung war sehr beliebt und löste die feldgrauen wollenen Uniformen an den klimatisch heißen Fronten im Süden Rußlands und im Mittelmeerraum ab.

Die schilfgrüne Uniform wurde als neuer Sommerfeldanzug Anfang 1943 eingeführt. Die Feldbluse folgte dem Schnitt des einfachen Feldanzuges und war das Nachfolgemodell des 1940 eingeführten schilfgrünen Drillich-Anzugs, der nur unten Seitentaschen hatte. An diesem neuen Feldanzug sollten im Gegensatz zu den früheren Versionen alle Abzeichen getragen werden. Der Anzug bestand aus Baumwollstoff mit Fischgrätmuster, und es gab ihn in vielfach unterschiedlichen Farbvariationen, die von seegrün bis hellgrau reichten. Die Bluse hatte vier Taschen mit Taschenklappen. Diese waren zunächst leicht geschweift und später dann ohne jegliche Schweifung gerade zugeschnitten. Vorne an der Frontleiste wurde die Jacke mit sechs Standardknöpfen geschlossen. Sie waren ausknöpfbar und mit s-förmigen Sicherungsringen auf der rückwärtigen Knopfleiste der Jacke gesichert. Drei Knöpfe saßen innen am Kragen und zwei an jedem Ärmelschlitz. Die Knöpfe bestanden aus Preßpappe. Die Jacke war nur im Bereich der Achselhöhlen, der verstellbaren Ärmelenden und an den Einhakstellen für die Koppelhaken mit Stoff ausgekleidet. Das dafür verwendete Stoffmaterial war graue Baumwolle, die im weiteren Verlauf bald durch graue Kunstseide ersetzt wurde.

Der Hoheitsadler, wie er zu dieser Zeit des Krieges an den Uniformen getragen wurde, war maschinell auf einem grünen Träger aufgewoben und hatte eine mausgraue Farbe. Die Schulterklappen bestanden aus dem gleichen Stoff wie die Uniform. Dies ist auf dieser Darstellung gut zu erkennen, ebenso wie die rote Waffenfarbe der Artillerie. Allerdings entsprechen die hier verwendeten Litzen nicht der Vorschrift. Sie tragen immer noch die Mittellitze in der Waffenfarbe. (Unterste Dienstgrade wie hier zeigten gerne in unterschiedlicher Art an der Uniform ihre Zugehörigkeit an.) Am linken Unterarm trägt dieser Soldat das „Richtkanonier-Abzeichen". Es wurde im Dezember 1936 eingeführt. Über der linken Brusttasche ist die „Nahkampfspange" angesteckt. Sie wurde seit November 1942 an Soldaten verliehen, die im fortgesetzten Nahkampf, der lediglich mit Handfeuerwaffen und ähnlichem geführt wurde, standen. Auf der Tasche steckt das Schwarze Verwundetenabzeichen von 1939, das man für zwei erlittene Verwundungen erhielt. Der Kanonier wurde nach erhaltener Erster Hilfe mit seiner Verwundung hinter die eigenen Linien zurückgeschickt. An seiner Jacke ist eine Verwundetenkarte befestigt, auf der Einzelheiten der Verwundung und die bereits verabreichten Medikamente vermerkt sind. Mit dieser neuerlichen Verwundung erfüllt er die Voraussetzungen für das Silberne Verwundetenabzeichen. Dafür sind drei oder vier Verwundungen notwendig.

Die ebenfalls neuartigen Hosen dieser Uniform sind identisch mit den bereits vorher verwendeten Drillichhosen und im Schnitt ähnlich zu den früheren Feldhosen, d.h. im Gesäß- und Rückenbereich etwas höher und mit geraden Hosenbeinen. An jeder Hüfte hat sie eine Tasche und im rechten Lendenbereich eine kleine Uhrentasche. Die Hose hat keine Fütterung. Hinten im Hosenbund ist ein Schnallgurt, mit dem die Hose angepaßt werden konnte. Dazu dienen auch Metallknöpfe.

Der Stahlhelm M 42 wurde im April 1942 aus wirtschaftlichen Gründen in dieser Version in die Truppe eingeführt. Form und die Größe glichen dem Stahlhelm M 35, jedoch waren die Seitenränder nicht mehr nach innen abgebogen, sondern nur noch am Außenrand abgekantet. Auf der linken Seite des Helmes prangte der Wehrmachtsadler, der in dieser Form bis August 1943 verwendet wurde. Der abgebildete Helm weist eine nachträgliche, dunkelgrüne Lackierung und darauf hellgrüne Tarnflecken auf. Helme mit solchen im Feld aufgebrachten Tarnfarben und Tarnmustern gab es sehr oft; sie waren auf allen Kriegsschauplätzen zu finden.

Der Kanonier trägt an den Füßen die nunmehr standardmäßig verwendeten knöchelhohen Schnürstiefel mit Sohlenbenagelung. Dazu sind die Gamaschen aus Segeltuch angelegt. Obwohl die Schnürschuhe bereits ab August 1940 eingeführt wurden, der Ledervorrat sollte durch diese Maßnahme geschont werden, hielt die Truppe weiterhin treu an den ledernen Marschstiefeln fest und vermied so lange wie möglich die Verwendung der Gamaschen. Das Koppel und die aufgeschlaufte P 08-Pistolentasche werden von dem dargestellten Soldaten am Mann getragen. Artilleristen führten im Kampfgebiet zum persönlichen Selbstschutz eine Pistole mit sich.

Rechts:
Der Stahlhelm M 42, leicht zu erkennen an seiner markanten Form und dem hier vorne aufliegenden Kinnriemen. An diesem Helm kann man die vielen Möglichkeiten der individuell an der Front vorgenommenen Nachlackierungen erkennen. Außerdem ist er mit aufgebrachten Tarnflecken versehen, die auf dem Foto hier allerdings nur schlecht erkennbar sind. Der Farbe wurde Sand beigemischt, wodurch der Helm zusätzlich zur Farbtarnung eine matte Oberfläche erhielt.

Unten:
Die schilfgrüne Feldbluse. Sie entspricht im Schnitt der normalen Dienstjacke, was hier auch deutlich zu sehen ist. Trotz der Knöpfe am Kragen war sie meistens am Hals nicht zugeknöpf. Man beachte die Nahkampfspange aus Metall auf der linken Brustseite und das Richtkanonier-Stoffabzeichen am linken Unterarm.

Links:
Die Schulterklappen sind aus grauem Wollstoff mit den farbigen Vorstößen in der Waffenfarbe der Artillerie. Der Hoheitsadler auf der Brust war zum Höhepunkt des Krieges von mausgrauer Farbe auf grünem Trägermaterial (noch spätere Versionen waren auf feldgrünem Stoffträgermaterial). Die eigentlichen, korrekten einheitlichen Kragenlitzen wurden hier entfernt und durch die bis 1938 offiziellen Litzen mit der Waffenfarbe ersetzt.

Oben:
Die sehr vereinfachte Innenfutterausstattung der Feldbluse aus der erst später verwendeten grauen Kunstseide. Die zwei Stoffeinsätze für die Koppelhaken sind gut zu sehen. Die abnehmbaren Knöpfe sind, hier gut erkennbar, auf der Jackeninnenseite mit S-Ringen gesichert.

Oben links:
Die Segeltuchgamaschen ähneln im Aussehen doch sehr den britischen „ankles web". Sie waren eine leichtere Form von diesen. Diese Gamaschen waren sehr unbeliebt. Zur Herstellung wurde sowohl schwarzes als auch braunes Leder verwendet. Es gab auch Ausführungen, allerdings zahlenmäßig wenige, die vollständig aus Segeltuch waren.

Oben:
Dieses Paar knöchelhohe Schnürschuhe entsprach dem gängigen Muster und zeigt die typische Sohlenbenagelung. Beachtenswert und typisch sind auch die Metallstoßplatte vorne an der Sohle und das Absatzeisen hinten.

(17) Oberfeldwebel der Artillerie, Sommeranzug, Italien 1943-1944

Ungeachtet der Tatsache, daß sich die deutsche Wehrmacht in einem zum nationalen Überlebenskampf ausgearteten Krieg befand, der an vielen Fronten gleichzeitig tobte, wurde sowohl in der Truppe als auch beim Oberkommando bedeutender Wert darauf gelegt, daß die Uniformen und Abzeichen, die getragen wurden, elegant waren. (Es wird gesagt, daß der deutsche Soldat in die Schlacht ginge, als wenn dies eine Parade wäre. Die Briten seien so angezogen, als wenn sie bei einem Sportereignis aktiv wären. Und die Amerikaner tragen dafür Arbeitskleidung.) Außer daß Uniformen und Abzeichen der Unterscheidung von Freund und Feind dienen, haben sie auch starke repräsentative Wirkung und verleihen Autorität. Optisch machen sie den Träger mit seinen Kameraden zu etwas Einheitlichem, ermöglichen die Zuordnung zu einer Teilstreitkraft, Waffengattung und einem Dienstrang und erzeugen ein Wir-Gefühl.

Während des Krieges waren geschneiderte leichte Dienstjacken bei deutschen Offizieren sehr beliebt. Auch im Unteroffizierskorps war dies so, obwohl diese offiziell nicht zulässig waren. Es wurde jedoch allgemein toleriert, da diese Jacken sehr praktisch waren und dem Dienstgrad wegen des militärischen Aussehens nicht schadeten. Sie wurden aus leichtem Drillichstoff in unterschiedlichen Farben hergestellt, die von hellgrau über schilfgrün bis hin zu sandfarben reichten. Die Jackenkragen waren aus dem früher verwendeten dunkelgrünen Stoff. An der Jacke wurden alle Abzeichen und Ehrenzeichen getragen. Dadurch und durch den verwendeten Segeltuchstoff erhielten die Jacken eine ansprechende „Frontoptik".

Dieser Oberfeldwebel trägt einen Uniformrock, der in Schnitt und Stil dem Dienstrock aus Wollmaterial entspricht, aber einige unbedeutende Veränderungen aufweist. Zugeschnitten wurde er aus leichtem Segeltuchstoff in ursprünglich fahler graugrüner Farbe, die jedoch durch die Sonne verblaßte und jetzt einen sandfarbigen Ton hat. Die Jacke hat vier Klappentaschen, jede mit Quetschfalte, aber ohne Schweifung an den Klappen. Die Patten sind statt dessen gerade im Schnitt. Die Knöpfe, vier an der Knopfleiste und vier Taschenknöpfe, sind feldgrau und haben eine gekörnte Oberfläche. Wie viele Jacken dieser Art, so hat auch diese einen grünen spitzen Kragen, der mit zwei Haken und Ösen verschlossen wird. Die Ärmel sind gerade und entbehren die Anpaßschlitzung am Ärmelende. Auf dem Rückenteil reichen die alten Rückennähte, wie bei den früheren Jackenmodellen üblich, von den Schultern bis zur Taille.

Die Schulterstücke zeigen den Dienstgrad und haben die roten Vorstöße der Waffenfarbe der Artillerie. Es ist hier an diesem Feldwebel interessant zu sehen, daß die Schulterstücke offensichtlich „aufgewertet" wurden, da zunächst Unteroffizierstressen an den Schulterstücken waren und sie erst nachträglich durch Aufbringen des unteren Verbindungsstückes zu Feldwebel-Schulterstücken wurden. (Ähnliches ist wahrscheinlich auch mit den Dienstgradsternen geschehen.) Der Kragen ist unten umrandet mit der Tresse und hat die Litzen in der Art von 1935: Die Litzen sind auf grünem Abzeichentuch und zeigen die Waffenfarbe der Artillerie. Der Brustadler ist sehr aufwendig von Hand gestickt. Er besteht aus bronzefarbenem Faden, ist aber mit groben großen Stichen von Hand auf das Uniformtuch der Jacke genäht. Solche Adler in Offiziersqualität gab es oft an diesen leichten Unformjacken der Unteroffiziere mit Portepee.

Dieser Oberfeldwebel trägt das Ordensband des Eisernen Kreuzes 2. Klasse (EK II), das durch das zweite Knopfloch eingesteckt und festgenäht zum Jackenrand gezogen wird, das angesteckte Eiserne Kreuz 1. Klasse (EK I) und das Band der Medaille „Winterschlacht im Osten 1941/42" (Ostmedaille). Um den Hals trägt er eine interessante „Feldversion" des Ritterkreuzes zum Eisernen Kreuz. Dies wurde gelegentlich gemacht. Der Haltering wurde an ein Eisernes Kreuz II. Klasse angepaßt, da dieser dem Haltering des Ritterkreuzes entsprach. Dadurch konnte am Ordenshalsband getragen werden. Das Eiserne Kreuz war auf jeder Seite 7 mm kleiner als das Ritterkreuz. Im Aussehen kam es dem echten Ritterkreuz sehr nahe. Dieser Ersatz für die prestigeträchtigste Auszeichnung jener Zeit war im Feld und an der Front trag- und herzeigbar, und das echte Ritterkreuz brauchte nicht gefährdet zu werden.

Die Reithosen sind von der Art, wie sie bei berittenen Einheiten verwendet wurden. Sie wurden wahrscheinlich mehr als Statussymbol als aus praktischen Gründen von diesem Feldwebel getragen, der seinen Dienst hinter den Linien leistete. Es ist die Standardreithose mit zweifacher Stoffschicht anstelle von Leder als Sitzverstärkung. In dieser Hose findet sich der Stempeldruck „E 40" für „Erfurt 1940". (Hierzu sei verwiesen auf Kapitel 11 und die darin vorgenommene genaue Beschreibung.)

Ein anderes Statussymbol, das von Feldwebeln bevorzugt wurde, war die Schirmmütze für das Unteroffizierskorps. Diese Schirmmütze – sie hat Vorstöße in der Artillerie-Waffenfarbe und einen aus Leichtmetall geprägten Hoheitsadler, Eichenlaubkranz und Reichskokarde – ist ein absolut übliches Exemplar, aber der Oberfeldwebel hat die Drahtversteifung in der Mütze entfernt, um ihr das zerknüllte Aussehen einer „Frontmütze" zu geben.

Links:
Diese standardmäßige Schirmmütze für Unteroffiziere und andere Dienstgrade hat rote Artillerie-Vorstöße. Die Deckelversteifung wurde entfernt. Das Innenfutter ist aus rostbraunem wasserfestem Stoff, so wie es in vielen Dienstmützen zu finden ist.

Unten links:
Diese nicht offiziell, sondern privat geschneiderte leichte Uniformjacke entspricht voll und ganz in ihrer Art dem Uniformrock. Man beachte die geraden Ärmel und den spitz zulaufenden Kragen.

Unten:
Hier sind Einzelheiten der Kragenlitzen aus der Zeitspanne 1935-1938 erkennbar. Tresse am Kragen und handgestickter Brustadler in der Art für Offiziere aus schwerem bronzefarbigem Faden. Zu beachten ist die sichtbar nachträglich angebrachte Verbindungstresse am Schulterstück, woraus abzuleiten ist, daß die Schulterstücke der Dienstgradgruppe der Feldwebel (Portepeeträger) angepaßt wurden. Eigentlich waren es die Schulterstücke für einen Unteroffizier. Die Originalfarbe der Jacke ist noch unter der Patte der Brusttasche sichtbar.

Oben:
Die Jacke hat kein Innenfutter und auch keine Knöpfe für eine Kragenbinde. Die fahle grau-grüne Originalfarbe des Stoffes ist innen zu sehen und steht im Kontrast zu den ausgebleichten Flächen an den Jackenrändern.

Rechts:
Die Reithose im Detail: sie wurde im Jahre 1940 hergestellt und hat statt Leder eine doppelte Stoffschicht zur Verstärkung der Sitzfläche.

Oben:
Das „Ersatz-Ritterkreuz". Ein Eisernes Kreuz 2. Klasse (EK II) mit einem etwas veränderten Haltering, damit die Halteklammer des Ritterkreuzes für das Ordens-Halsband paßt. Dadurch war es möglich, es als „Feldersatz" für die kostbare und edle Originalauszeichnung zu tragen.

(18) **Gebirgsjäger, Dienstanzug Modell 1943 (Feldanzug), Rußland 1943-1944**

Bei Beginn des Krieges verfügte Deutschland über drei vollständige und einsatzfähige Gebirgsjägerdivisionen der Gebirgstruppen. Das Konzept dieser Truppengattung beruht auf der Ausbildung und Ausstattung für einen Einsatz in Gebirgsgegenden und stammt aus der Zeit vor dem Ersten Weltkrieg. Erprobt wurden Truppe und Konzept in den Schlachten Deutschlands, Österreichs und Italiens an der Alpenfront. Diese Art der Einsätze verlangt Gebirgsjäger (eine traditionelle Bezeichnung für diese Art der Infanterie), die körperlich absolut fit und hervorragend ausgebildet sind. Sie mußten sich auch selbst versorgen können. In der Masse wurden dafür Rekruten aus den südlichen Gebirgsgegenden Deutschlands und Österreichs eingezogen. Sie kämpften in Polen und Norwegen, wurden auf dem Luftweg nach Kreta zum Einsatz gebracht, sie kämpften in Lappland und am Polarkreis, auf dem Balkan, im Kaukasus und in Italien. Innerhalb der Divisionen wurden die Gebirgsjäger-Regimenter von eigenen Artillerie-, Nachricht-, Pionier-, Panzervernichtungs- und anderen Unterstützungseinheiten verstärkt. Alle hatten eine Gebirgstruppenausbildung durchlaufen.

Der Dienstanzug Modell 1943 wurde für alle unberittenen Heereseinheiten in diesem Jahr eingeführt und ersetzte alle vorhergehenden Uniformen. An der Jacke waren wirtschaftliche Einsparmaßnahmen erkennbar. So waren an den Taschen keine Quetschfalten mehr. Und während zunächst noch Schweifungen an den Taschenklappen waren, verschwanden auch diese später, so daß die späteren Ausführungen gerade zugeschnittene Taschenklappen hatten. Entsprechend der geminderten Qualität des Stoffes wurde die Jacke jetzt mit sechs Knöpfen anstelle von bisher fünf Knöpfen verschlossen. Das Innenfutter bestand nunmehr aus braun-bronzefarbiger Kunstseide.

Die Kragenpatten der zweiten Art hatten auf grünem Trägerstoff die Einheitslitzen, bei der dritten Art war der Trägerstoff nicht mehr vorhanden. Das ist auch die Version, die sehr oft an diesen Jacken zu sehen ist. Die Schulterstücke mußten seit dieser Zeit eigentlich aus feldgrauem Material bestehen, aber die dunkelgrüne Ausführung wurde bis zum Kriegsende auch noch verwendet. Diese Schulterstücke waren auf der Rückseite feldgrau und die Zunge (zum Befestigen des Schulterstückes an der Schlaufe auf der Schulter) war mit Kunstseide bezogen. Die Vorstöße an den Schulterklappen waren in der hellgrünen Waffenfarbe der Gebirgsjäger. Der Brustadler ist in der Standardausführung gefertigt. Er ist mausgrau auf feldgrauem Trägerstoff. Der Winkel auf dem linken Oberarm ist der Obergefreiten-Winkel für weniger als 6 Jahre Dienstzeit. Man beachte hierzu die schwarzen Linien an der Winkeltresse. Das Tätigkeitsabzeichen wurde über dem Dienstgradwinkel getragen und steht hier für das Nachrichtenpersonal. Der Blitz als Zeichen dafür war auf einem ovalen dunkelgrünen Trägerstoff aufgestickt und mit der individuellen Waffenfarbe des Soldaten (hier das Grün der Gebirgstruppen) vorgestoßen. Das Edelweißabzeichen auf dem rechten Oberarm trugen alle Angehörigen der Gebirgstruppen, unabhängig vom Dienstgrad. Das Abzeichenemblem wurde im Mai 1939 eingeführt und zeigt in der Mitte ein Edelweiß in gelber Farbe mit grünen Blättern. Es ist umgeben von einem Bergseil, das wiederum oben durch einen Berghaken gezogen und unten verknotet ist. Dieses Truppen-Ärmelabzeichen ist sowohl in der handgestickten Ausführung mit Wollfaden als auch maschinell gewoben mit Baumwollfaden zu finden.

Die Einführung der Feldhose Modell 1943 war die Geburtsstunde für Kleidung mit mehr Praxisbezogenheit für den Einsatz unter feldmäßigen Bedingungen und an der Front. Neben den Knöpfen, die zur Befestigung der Hosenträger dienten, besaß die Hose jetzt auch vier Gürtelschlaufen, die es ermöglichten, die durch einen Gürtel gehaltene Hose herunterzulassen, ohne dazu die Jacke und das gesamte Koppel mit der aufgeschlauften Ausrüstung ausziehen oder abnehmen zu müssen. Die Hosenbeine waren zum Knöchel hin spitz zulaufend, damit knöchelhohe Schnürschuhe und Gamaschen bequem getragen werden konnten. Sie waren am Hosenende geschlitzt und konnten mit Bändern zugezogen werden, wodurch die Größenanpassung vorgenommen werden konnte. Die drei Einschubtaschen, die in den Hosenstoff eingelassen waren, und eine Uhrentasche waren alle zuknöpfbar, wozu meist kleine flache Metallknöpfe oder selten auch Knöpfe aus Horn verwendet wurden. Metallknöpfe sind auch an der dargestellten Hose angebracht. Zum Anpassen der Hosenweite sind links und rechts an den Hüften jeweils eine Schnallvorrichtung angebracht. Ein Verstärkungsbesatz war über die Sitzfläche und in den Schritt genäht. Manche Ausführungen hatten auch einen eingelassenen Gürtel mit Schnalle.

Die Einheitsfeldmütze M 43 von 1943, die zusammen mit der neuen Uniform eingeführt wurde, war sicherlich die beliebteste und praktischste Mütze des ganzen Krieges. Beide, die Bergmütze und die Tropenmütze, ähneln sehr dem Grundmodell. Der Mützenschirm – innen versteift durch gepreßte Pappe und oftmals getragen mit einer Falte in der Mitte – war lang genug, um Schatten zu spenden und die Augen zu schützen. Der doppelt gelegte Umschlag an der Mütze war mit zwei kleinen gekörnten Knöpfen vorne zusammengehalten. Er konnte aufgefaltet werden, wodurch die Ohren, der Nacken und das Kinn gewärmt wurden. Mützen aus erster Produktion waren mit schwerem Baumwolldrillich gefüttert. Die Abzeichen an der Mütze sind der mausgraue Nationaladler und die dreifarbige Kokarde. Alle Abzeichen sind maschinell auf einem Dreieck aufgewoben. Die Feldmütze M 43 ersetzte die frühere Bergmütze der Gebirgstruppen. (Sie war ähnlich, hatte aber einen kürzeren Schirm.) Das Edelweißabzeichen aus Metall, das von allen Dienstgraden getragen werden durfte, ist hier – korrekt – an der linken Mützenseite angebracht.

Der Gebirgsjäger auf dem Foto trägt die standardmäßigen Bergstiefel mit kurzen Wickelgamaschen, die dem Knöchel Halt boten und Schnee und Schmutz aus den Stiefeln heraushielten. Das Koppel mit der üblichen Aufschlaufung und entsprechenden Ausrüstungsgegenständen ist angelegt, aber ohne Koppeltragegestell. Dieses ist ein fester Bestandteil des Gebirgsrucksacks M 31, der hier auch zu sehen ist.

Oben links und oben:
Obwohl viele Soldaten die bootsförmige Feldmütze M 34 weiter behielten und verwendeten, war die Einheitsfeldmütze M 43, die ab 1943 das alte Modell ablöste, die beliebteste Kopfbedeckung des Krieges. Sie wurde überall im Heer getragen, vom General genauso wie vom einfachen Soldaten. Man beachte die maschinell auf einen Stoffträger aufgewobenen Abzeichen. Das Edelweiß-Emblem der Gebirgstruppen war aus Metall und auf die linke Klappenseite der Mütze aufgenäht. Die Mütze hatte ein Innenfutter aus grauem Baumwolldrillich, das aber bald durch Kunstseide ersetzt wurde. In der Mütze ist eine schwache Herstellermarkierung mit „Mützenfabrik" und „1943" erkennbar.

Links:
Die Feldbluse M 43 wird hier mit offenem Kragen getragen, obwohl sie bis oben zugeknöpft werden kann. Die sich verschlechternde Qualität des Stoffes führte dazu, daß sechs Knöpfe zum Verschließen verwendet wurden. Die Koppelhaken treten stark durch die sie umgebenden Ösen hervor.

Oben:
Diese Feldbluse zeigt die übliche Vermischung von früheren Ausführungen mit kriegsmäßigen Ausführungen der Abzeichen an einem Kleidungsstück. Der Einzelne erhielt oder ersetzte die Abzeichen zu unterschiedlicher Zeit. Bis ein kompletter Austausch oder Ersatz erfolgt war, wurde eine Mischung von verschiedenen Ausführungen getragen.

Oben links:
Die Windjacke für Gebirgstruppen wurde nur an die Gebirgstruppe ausgegeben. An dieser Beispieljacke wurde das Edelweiß-Abzeichen hinzugefügt, der Trägerstoff des Abzeichens aber entfernt. Das entspricht nicht der offiziellen Version, sondern ist vielmehr eine sehr persönliche Abwandlung des Abzeichens. Das selbe gilt für die Entfernung der Schlaufen für die Schulterstücke. Aus schwerem, wasserfestem leinwandartigem Material hergestellt, hat die Jacke zwei Seitentaschen und zwei Mufftaschen. Der Kragen und die Ärmel können fest verschlossen werden. Verwendet wurden große Horn- oder Metallknöpfe.

Links:
Innen in der Jacke sind als Futterstoff die Kunstseide und vier Stoffstege zum Einhängen der Koppelhaken zu sehen. Auf dem Foto ist außerdem die Feldhose von 1943 mit den knöpfbaren Gürtelschlaufen und dem zubindbaren Hosenbeinabschluß mit Schlitz auf Höhe der Fußknöchel abgebildet. Die Keilhose kann individuell durch einen umlaufenden Riemen oder ein Band am Hosenbeinabschluß angepaßt und verschlossen werden.

(19) **Offizier der Gebirgsjäger, Sommeranzug, Italien 1943-1944**

Im Herbst 1943 stand die Wehrmacht auf dem italienischen Festland in schweren Kämpfen mit der britischen 8. Armee, der 5. US-Armee und anderen alliierten Truppenverbänden. Das schwierige bergige Gelände begünstigte die durchdachte Verteidigungskonzeption von Generalfeldmarschall Kesselring. Darin spielten die Verbände der Gebirgstruppen und die Fallschimjäger-Divisionen (sie gehörten zur Luftwaffe) eine führende Rolle. Das Klima an der Italien-Front reichte vom unbeständigen Winterwetter bis zum Sommerwetter mit tropenähnlichen Temperaturen. Ersichtlich war dies an der teilweise kuriosen Mischung von Uniformteilen, die bei den Truppen getragen wurde. Feldanzug war jetzt immer das, was die Lage hergab oder gerade zur Verfügung stand oder zweckdienlich schien. Bei heißem Wetter waren dies kurze Hosen, leicht-luftige Hosen, knöchelhohe Stiefel, locker sitzende Jacken und Knautsch-Mützen.

Diese hier dargestellte Jacke wurde wahrscheinlich für die Besetzung Kretas hergestellt, aber dafür gibt es keine Bestätigung. Der Schnitt ist identisch mit dem des Dienstrockes. So hat sie zum Beispiel auch vier geschweifte Pattentaschen mit Quetschfalten und fünf Knöpfe vorne an der Knopfleiste. Das verwendete Material ist ein leichter gerippter Baumwollstoff, der eigentlich hellgrau war, den die Sonne aber ausgebleicht hat, so daß die hier zu sehende Sandfarbe entstand. Der Ärmelaufschlag ist umkrempelbar. Die Jacke ist modisch kurz. Wie dies bei den meisten leichten Jacken üblich ist, so hat auch diese hier nur eine halbe Innenfütterung entlang der Schultern und der oberen Brusthöhe. Kurios ist unter anderem auch, daß eine Öffnung zum Einhängen des Offiziersdolches oder -säbels angebracht ist.

Die Schulterstücke des Oberleutnants sind von mattsilberner Farbe, wie sie zur Verwendung an der Front gedacht waren. Sie sind mit grün unterlegt, der Waffenfarbe der Gebirgstruppe. Die Kragenlitzen sind von hoher Qualität und handgestickt. Ungewöhnlich daran sind die farbigen Mittellitzen in der Waffenfarbe. Der Brustadler ist aus bronzefarbigem Garn handgestickt. Das Edelweiß-Abzeichen auf dem rechten Oberarm unterscheidet sich von dem der niedrigeren Dienstgradbereiche nur darin, daß die Umrahmung des Edelweiß' (Seil, Haken, Knoten) silberfarbig statt hellgrau gestickt ist. Der Offizier trägt drei Auszeichnungen: Das Band des Eisernen Kreuzes 2. Klasse (EK II), das Allgemeine Sturmabzeichen und die Silberne Nahkampfspange. Interessant ist, daß die sehr lange Anstecknadel des Nahkampfabzeichens entsprechende Einstecköffnungen für das Abzeichen im Uniformtuch erfordert, damit es einen geraden Sitz hat.

Unser Modell trägt die neue Tuchhose, die im Juni 1943 eingeführt wurde. Sie löste alle anderen vorhergehenden langen Hosen ab. Die Hose ist in der Taille gerade geschnitten und hat vier aufknöpfbare Gürtelschlaufen. Auf jeder Hüftseite ist ein Feststellgurt zum Anpassen der Hosenweite. Manche Exemplare hatten auch innen an der Hüfte einen Gürtel mit Schnalle, andere wiederum hatten dies nicht. Zwei Seitentaschen vorne, eine Tasche hinten und eine kleine Uhrentasche mit Klappe im Bereich der Leistengegend waren in die Hose eingeschneidert. Die Hosenbeine waren nicht mehr gerade, sondern keilförmig spitz zulaufend, damit die knöchelhohen Schnürstiefel und dazu die Gamaschen oder Wickelgamaschen besser angelegt und getragen werden konnten. Die Sitzfläche war mit einer ovalen zweifachen Schicht Stoff verstärkt. Damit die Stiefel einen besseren Sitz erhielten, war an der Oberkante ein „Steigbügel"-Stoffbesatz aufgenäht.

Unser Oberleutnant trägt die Bergmütze. Diese Mütze, ein Unterscheidungsmerkmal der Gebirgstruppen aus der Anfangszeit des Krieges, wurde später das Vorbild für die populäre Einheitsfeldmütze M 43. Die Bergmütze besteht aus einem weichen Mützendeckel, der vordere Teil war steif, und sie hatte einen kleinen Stoffschirm. Der doppelt gelegte Umschlag konnte an der Mütze hochgefaltet oder bei schlechtem Wetter über die Ohren und das Kinn heruntergeklappt werden. Ursprünglich war der Umschlag mit zwei undurchsichtigen Glasknöpfen befestigt, aber diese wurden später durch die üblichen gekörnten Knöpfe ersetzt. Das Innenfutter bestand aus grauer Baumwolle oder geripptem Baumwolldrillich. Außerdem hatte sie entweder ein Schweißband aus dünnem grauem Leder oder lederartig aus gepreßter Pappe. Das Mützenabzeichen zeigte den Hoheitsadler über der Kokarde in den Nationalfarben. Beides war maschinell gewoben auf einem einzigen Stück T-förmigem dunkelgrünem Trägerstoff. An den Offiziersmützen waren Adler und Ring der Kokarde aus silberfarbigem Faden gewoben. Es war den Offizieren bis Oktober 1942 nicht befohlen, silberfarbige Vorstöße um den Mützenrand zu tragen. Eine Vielzahl von Offiziersmützen zeigen Spuren, aus denen sich ergibt, daß die Mützen nachträglich mit diesen farblichen Vorstöße ausgestattet wurden. Alle Angehörigen der Gebirgstruppen – gleich welchen Dienstgrades – trugen das Edelweiß-Abzeichen aus Metall als Traditionsabzeichen auf der linken Mützenseite, das dort durch kleine Löcher in der Spitze des Blütenblattes und der Blüte angenäht war.

Die Bergstiefel bestanden aus sehr hochwertigem, braunem oder schwarzem Leder und hatten oben einen feldgrünen Besatzstreifen aus Stoff. Absätze und Sohlen sind in der Mitte mit starken Metallstiften und am Rand mit Klampen versehen. Vorne und hinten sind kleine Metallplatten, die es ermöglichen, mit den Stiefeln auch Ski zu fahren.

Oben links und oben:
Die rundlichere Form oben und der kürzere Schirm waren die wesentlichsten Elemente, mit der sich die Bergmütze von der späteren Feldmütze M 43 unterscheidet. Der Beweis dafür ist hier zu sehen. Beachtenswert ist die T-Form des Trägermaterials, auf dem beide Abzeichen der Mütze aufgewoben sind, sowie die offiziersfarbigen Vorstöße oben am Mützenrand und das Edelweiß aus Metall. Die Mützenauskleidung besteht aus schwerem geripptem Twill und ist nur mit der Größe markiert. Man beachte auch das lederartige Schweißband. Es ist durch die Benutzung der Mütze mittlerweile gebrochen. Gut zu erkennen ist auch die weiße Naht, mit der die silberfarbigen Vorstöße an der Offiziersmütze nachträglich, entsprechend der Anweisung vom Oktober 1942, auf den Mützenrand aufgebracht wurden.

Links:
Daß es sich bei der Jacke um das kopierte Modell eines Dienstrockes handelt, wird in dieser Ansicht deutlich. Man achte auf den modischen Zuschnitt an der Taille, die geringere Länge der Jacke und die spitzen Kragenenden.

Oben:
Die Schulterstücke zeigen die grüne Waffenfarbe der Gebirgstruppen, aber beachten Sie den Unterschied zur Patte der Kragenlitze. Die goldene Farbe des Sternes, der für den Dienstrang eines Oberleutnants steht, ist zwischenzeitlich verschwunden.

Oben rechts:
Die grob aussehende Leuchtpistole 42 wurde 1943 eingeführt, um die Produktion der Signalpistolen zu vereinfachen. Sie war noch immer im Kaliber 2,7 cm. Die große Ledertasche enthält 18 Signalpatronen. Das Etikett zeigt das Vorkriegsmodell der Walther-Signalpistole. Links unten neben dem Etikett ist der amtliche Freigabestempel erkennbar.

Rechts:
Diese Bergstiefel wurden aus sehr hochwertigem, braunem Leder hergestellt und sind mit schweren Stiften benagelt. An den Seiten sind Klampen angebracht. Um die Knöchel zu schützen, ist oben am Stiefelrand ein feldgrüner Tuchstreifen angenäht.

(20) Infanterist, wendbarer Winteranzug, Rußland 1942-1944

Nach dem katastrophalen ersten Winter in Rußland erhielt der Heeresquartiermeister die Anweisung, Winterbekleidung entwickeln zu lassen, die für den nächsten Frontwinter im Osten geeignet ist. Die Uniform, die daraus entstand, wurde in Finnland getestet und im April 1942 Hitler zur Bewilligung vorgeführt, die dieser auch sofort erteilte. Die Industrie erhielt den Produktionsauftrag für eine Million Winteranzüge dieser Art, die rechtzeitig zur nächsten Winterzeit fertig sein sollten. Im Winter 1942 hatte sich die Bandbreite der verwendeten Winterbekleidung erheblich erweitert, denn nicht nur der neu bemusterte Winteranzug mit Jacke und Hose, sondern auch eine große Anzahl zusätzlicher Schutzausrüstung (zum Beispiel eine isolierende Kopfhaube, Fausthandschuhe zum Überziehen, Pelzmützen und Wollmützen als Kopfbedeckung, schlauchartig-elastische Kopfschützer, Handschuhe aus Wolle und auch aus Leder mit Fellfutter, Winterstrümpfe, Winterpullover usw.) waren jetzt in Verwendung. Zunächst erhielten die meisten Truppenteile des Heeres rechtzeitig die neue Winteruniform und bevorzugte Truppenbereiche, beispielsweise die Infanterie, auch die zusätzliche Schutzausrüstung. Dennoch dauerte es bis Winter 1943/44, bis die neue Winteruniform wirklich als Grundausstattung bei allen Truppenteilen vorhanden war. Auf Fotos aus Stalingrad ist beispielsweise klar ersichtlich, daß die Truppen der 6. Armee noch weit davon entfernt waren.

Der neue wendbare Winteranzug war eigentlich in mausgrauer Farbe auf der einen und weiß auf der anderen Seite hergestellt worden. Dies wurde jedoch bald (wahrscheinlich im Herbst 1942, aber ganz sicher im Frühjahr 1943) abgelöst durch eine vom Zuschnitt identische Version, die statt mausgrauer Farbe eine als „Splittermuster" bezeichneten Tarnfarbe aufwies. Dieses Tarnmuster wurde bereits für Zeltbahnen verwendet, was auf Fotografien dokumentiert ist. Während des Jahres 1943 erschien der Wintertarnanzug dann in der „Sumpfmuster"-Tarnung. Sie wird manchmal von modernen Sammlern auch als „braunes Sumpfwasser" bezeichnet. Beide Tarnmuster-Versionen, das grünliche und das beige-bräunliche, sind bekannt. Die verschwommenere Ausführung wurde das „Sumpfmuster 44". Die Kapuze und die Überzieh-Fausthandschuhe waren in dem selben Tarnmuster wie der Anzug. Diese Uniform war bei der Truppe sehr beliebt und bis Kriegsende in Verwendung.

Zuerst war der Winteranzug aus dem gleichen Stoff wie die Zeltbahnen, nämlich aus einem schweren Baumwoll-Kunstseide-Gemisch. Später dann zu 100 % aus einer leichten gesponnenen Kunstseide. Beide hatten zur Isolation innen Schichteneinlagen aus Zellulose. Er war großzügig zugeschnitten, denn er sollte über der anderen Kleidung und der Feldausrüstung getragen werden. In der Praxis war dies später genau anders herum. Alle Knöpfe, Taschen, Schlaufen usw. waren sowohl auf der Tarndruck-Seite als auch auf der weißen Seite angebracht und konnten verwendet werden. Die Jacke hatte eine übereinander liegende Brustseite und wurde mit sechs Knöpfen einreihig geschlossen. Die Knopflöcher waren jeweils in die übereinander liegenden Jackenaufschläge eingenäht und bildeten dadurch eine Art Faltung. Die Winterjacke war etwas länger als die anderen Uniformjacken. An jeder Hüfte befand sich eine zuknöpfbare Tasche mit Taschenklappe. Rund um die Taille war in einem „Tunnel" ein Zugband eingelassen. Die Ärmelweite konnte mit einem Stoffsteg und zwei Knöpfen angepaßt werden. Eine in den Kragen eingearbeitete Kapuze aus doppelter Stofflage und mit Zugband zum Einstellen war so groß, daß sie auch über den aufgesetzten Helm paßte. Sie war nicht wattiert oder isoliert. Am Oberarm und unten am Ärmel waren zwei Knöpfe aus Kunststoff angebracht, an denen farbige Identifikations- oder Erkennungsbänder befestigt werden konnten. Ansonsten wurden an der Jacke die normalen gekörnten Knöpfe verwendet, feldgrau lackiert auf der Tarndruckseite und mattweiß auf der weißen Seite.

Die wendbaren Hosen bestanden aus dem gleichen Material wie die Jacken. Sie waren in der Hüfte höher geschnitten. Die weißen Hosenträger waren hinten in den Hosenbund eingenäht und verliefen, sich auf dem Rücken überkreuzend, nach vorne, wo sie eingeknöpft wurden. Ein Zurrband war hinten in der Hose eingelassen, ebenso in den Hosenbeinen. Auf jeder Seite befand sich vorn eine schräge Einschubtasche mit Klappe, die mit einem Knopf geschlossen werden konnte. Der Hosenschlitz wurde mit drei oder vier großen Knöpfen geschlossen und war von außen durch den Hosenaufschlag gegengeknöpft. Alle Hosenknöpfe waren groß im Format und entweder aus Kunststoff oder Harz. Aber auch der ansonsten übliche Metallknopf kam zur Anwendung.

Die hier im Bild dargestellt Hose ist ein Beispiel für eine nicht unübliche Variation dieser Hose. Sie kann nicht auf die weiße Seite umgedreht werden, ist aber stattdessen innen mit Kunstseide gefüttert. Originalexemplare von Jacke und Hose dieser Winterbekleidung gibt es sowohl in „Splittertarn" als auch in „Sumpftarn".

Oben links:
Die Tarnmusterseite der Wendejacke mit dem ursprünglichen Splittermuster 31. Man beachte hier insbesondere die rechtsversetzte Frontknopfleiste mit den Knopflöchern, die beiden Öffnungen für die Zugbandführung um die Taille und die Knöpfe an den Oberarmen, an denen gelegentlich Erkennungsbänder in der „Tagesfarbe" befestigt wurden.

Links:
Eine interessante Variante der Hose des Winteranzugs ist dieses Exemplar, das im Tarndruck Splittermuster 31 bedruckt ist. Sie hat jedoch keine weiße Schneetarnung auf der anderen Seite, dafür aber eine Fütterung mit grauer Kunstseide. Ausführungen dieser gefütterten, aber nicht wendbaren Hosen und Jacken sind entweder mit dem Tarnmuster „Splitter" oder „Sumpf" oder in „Sumpfmuster 44" bedruckt und waren nicht unüblich. Man beachte die Machart des Hosenschlitzverschlusses, die Hosenträger und die werksseitig angebrachten Knieverstärkungen.

Oben:
Die weiße Seite der Jacke, die mit diesem Schnee-Tarndruck für den Einsatz im Schnee gedacht war. Man beachte, daß alle Elemente an beiden Jackenseiten vorhanden sind. Vor Einführung des Winteranzuges mußten in Eis und Schnee kämpfende Truppen die Tarnung durch Ponchos und ähnliches improvisieren und den Helm mit allem möglichen Material, das zu finden war, abdecken.

Gegenüberliegende Seite links:
Eine übliche Alternative zu den ausgegebenen Tarnfarben-Weiß-Fausthandschuhen waren diese feldgrünen „Abzugsfinger-Fäustlinge" mit Lederverstärkung und Handgelenkschnalle, eingeführt 1941. Diese Handschuhe haben eine grauweiße Wollfütterung.

Gegenüberliegende Seite, oben rechts:
Schutzunterwäsche. Die gesteppte Weste, die hier zu sehen ist, kann als beispielhaft für die vielen Arten der halboffiziellen Winterunterwäsche gelten. Sie wird mit vier Metallknöpfen geschlossen. Die lange Unterhose ist offizielle Wehrmachtsbekleidung und mit einer Reichsbetriebsnummer (RB) markiert. An den Körper angepaßt wird sie mit beigefarbigen gepreßten Knöpfen.

Unten:
Die typische leichte Kampfausstattung der ersten Kriegshälfte ist am Koppel in richtiger Reihenfolge aufgeschlauft, ohne Knappsack und Gasmaske. Sie besteht aus dem Koppel, dem Koppeltragegestell mit Haken (außen), den D-förmigen Ringen zum Einhaken, den hinteren und seitlichen Trageriemen des Gestells, um den Tornister hinten tragen zu können, den Patronentaschen M 11, dem Seitengewehr S 84/98 im Tragesteg mit Halteschnalle, dem „Schanzwerkzeug“ Spaten mit Spatentasche, dem Brotbeutel M 31 (für Proviant, Feldkocher, persönliche Kleinigkeiten) aus Segeltuch (in den unterschiedlichsten Farbschattierungen bei der Truppe in Verwendung), Feldflasche (eine der vielen möglichen Varianten) und dem Kochgeschirr M 31.

(21) Feldwebel einer Panzerabwehreinheit, Feldanzug, Rußland 1943-1944

Ursprünglich waren die Panzerabwehreinheiten des deutschen Heeres nur mit angeprotzten Geschützen ausgerüstet, aber die sich ausbreitenden Feldzüge erforderten neue Waffen, und eine neue Taktik wurde entwickelt.Ein Teil der Panzerabwehreinheiten wurde mit selbstfahrenden Geschützen ausgestattet. Zu Beginn dieser Umgestaltung wurden offene oder halboffene Ketten- oder Halbkettenfahrzeuge, die aus deutscher Produktion stammten oder Beutefahrzeuge waren, mit Panzerabwehrkanonen bestückt. Etwa ab Kriegsmitte wurden die Panzerabwehreinheiten in verstärktem Umfang mit vollständig geschlossenen Panzerfahrzeugen ausgerüstet. Sie wurden jetzt Panzerjäger oder Panzervernichter genannt. Die flache Struktur der Fahrzeuge und der Aufbauten hatten zur Folge, daß diese Panzerfahrzeuge schneller zu produzieren und die Herstellungskosten geringer waren als bei den konventionellen Panzermodellen mit Panzertürmen. Gleichzeitig konnten sie viele defensive Aufgaben genauso gut leisten.

Die Konzeption des Sturmgeschützes – ein in einem geschlossenen Panzerfahrzeug montiertes Geschütz zur direkten Infanterieunterstützung – geht bis auf den Kriegsanfang zurück, und im Jahr 1940 wurde auch eine Uniform für die Besatzung der Panzerartillerie entworfen. Im Grunde entsprach sie der schwarzen Uniform der Panzertruppe, sie war aber feldgrau. Der Kragen war ursprünglich dunkelgrün, und es gehörte eine graue Ausführung der Panzerschutzmütze dazu. Diese Elemente fehlten dann aber an der Uniform, als sie im Januar 1941 übernommen wurde. Es fehlten auch die Vorstöße in der Waffenfarbe um den Kragen und es gab – wie bei der schwarzen Uniform – keine Unteroffizierstressen am Kragen. Die graue Farbe entsprach vielleicht der Notwendigkeit, daß die Besatzung sich oft außerhalb des Panzerfahrzeuges aufhalten und arbeiten mußte. Folglich wurde die Uniform in grauer Uniformfarbe für die selbstfahrenden Panzerjägereinheiten eingeführt, mit dadurch entstehender verwirrender Vielfalt der Kragenpatten. Auch die rote Farbe der Artillerie wurde durch rosa ersetzt.

Im Mai 1941 wurde eine leichte Sommeruniform aus feldgrünem Drillichmaterial für die Besatzungen der gepanzerten Fahrzeuge eingeführt. Sie war bei heißem Wetter sehr beliebt und wurde bald darauf an die Besatzungen aller Arten von Panzerfahrzeugen ausgegeben. Es gab hiervon verschiedene Ausführungen, so hatten spätere Modelle außen auf der linken Brustseite eine große Kartentasche. Die hier abgebildete Jacke ist eine privat beschaffte Version. Sie besteht aus feldgrünem Segeltuch, hat die klassisch übereinanderliegenden Jackenseiten und wurde durch drei Kunstharzknöpfe verschlossen, die durch eine Leiste abgedeckt waren. (Die offizielle Jacke hatte vier Knöpfe.) Auf der rechten Innenseite war die Jacke mit zwei Knöpfen und zwei Schlaufen auf der linken Seite gegengeknöpft. Die Jacke hat kein Futter. Innen auf der linken Brustseite ist eine Tasche. Obwohl die Jacke nicht bis oben zugeknöpft werden kann, weil dafür kein Knopf vorhanden ist, findet sich dennoch oben am linken Revers ein Knopfloch. Es handelt sich hierbei um ein Zierelement, das oft bei geschneiderten Panzerjacken vorkommt. Das Knopfloch wird meistens zum Einstecken des Ordensbandes verwendet, wie hier für das Band des Kriegsverdienstkreuzes 2. Klasse und für das Band der Medaille „Winterschlacht im Osten 1941/42“. Die Ärmel haben an den Enden Ärmelschlitze, die hier mit einem einzelnen Knopf aus Kunstharz verschlossen sind.

Die Schulterabzeichen des Feldwebels sind aus dem gleichen Segeltuchmaterial wie die Jacke, haben aber die normale feldgraue Unterseite aus Wollstoff. Die Zunge des Schulterstückes zum Einstecken in die Halteschlaufen an der Jacke ist mit Kunstseide überzogen. Die auf den Schulterstücken umlaufende Tresse ist aus matter hellgrauer Baumwolle gewoben. Der Hoheitsadler auf der Brust ist maschinell gewoben. Er ist hellgrau auf mausgrauem Untergrund. Der verwirrendste Aspekt der feldgrauen Uniformen für die Sturmartilleristen und die Panzervernichter ist die Vielfalt der Kragenpatten. Dies wurde durch einen Wildwuchs von Vorschriften und Anordnungen verursacht, die oftmals ignoriert oder bereits wieder geändert wurden, noch bevor sie überhaupt befolgt werden konnten. In den Panzerjägereinheiten wurden die normalen Doppellitzen des Heeres am Kragen getragen. Später waren diese auf dunkelgrüner Patte, die in der Waffenfarbe vorgestoßen war. Dies wurde ersetzt durch die schwarzen, pinkfarbig vorgestoßenen, rhombusförmigen Kragenpatten der Panzer mitsamt des dazugehörigen Totenkopfes. Das letzte eingeführte Modell war das hier abgebildete. Die Litzen sind auf feldgrauem Träger und in der Waffenfarbe vorgestoßen.

Obwohl die meisten Panzerjägerbesatzungen mit dem Allgemeinen Sturmabzeichen ausgezeichnet waren, hatten einige Angehörige dieser Teilstreitkraft das Panzerkampfabzeichen, weil sie ursprünglich bei der Panzertruppe waren und dann erst zu den Panzerjägern versetzt wurden. Das Bild stellt einen solchen Zusammenhang dar.

Die Wollstoffhosen der Fahrzeuguniform waren identisch mit denen der Panzeruniform, natürlich abgesehen von der Farbe. Es gibt sie in einer großen Farbtonbandbreite von hellem feldgrau bis zu oliv-braun-grün der letzten Kriegszeit. Als Kopfbedeckung dient die Standard-Feldmütze M 32 mit rosafarbiger Soutache. Die knöchelhohen Schnürstiefel sind nicht benagelt, um das Ausrutschen und Funken schlagen beim Laufen und Klettern auf dem Panzerfahrzeug zu verhindern. Am Koppel aufgeschlauft ist die Pistolentasche für die Pistole 08. (Sie wurde oft behalten, obwohl die Walther P 38 die offizielle Waffe war.) Dieser Fahrzeugkommandant hält ein 8 x 24 Binokular-Periskop in der Hand, das im besetzten Frankreich hergestellt wurde. Und beachten Sie bitte den originalen 20 Liter-Treibstoffkanister. Er wurde im Jahr 1941 hergestellt.

Rechts:
Die Feldmütze M 34 war sehr beliebt bei den Besatzungen gepanzerter Fahrzeuge. Sie ermöglichte die uneingeschränkte und bequeme Verwendung der Kopfhörer und der optischen Geräte im Fahrzeug. Die Waffenfarbe rosa gehörte sowohl zur Panzertruppe als auch zur Panzerabwehr.

Rechts:
Das Innenfutter bestand aus Baumwolldrillich in verschiedenen Farben, die von beige bis dunkelgrau reichten. Man beachte den Herstellerstempel K.H. Flauder aus Minden in Westfalen, datiert mit 1941. Spätere Mützen hatten oft nur die Mützengröße als Markierung.

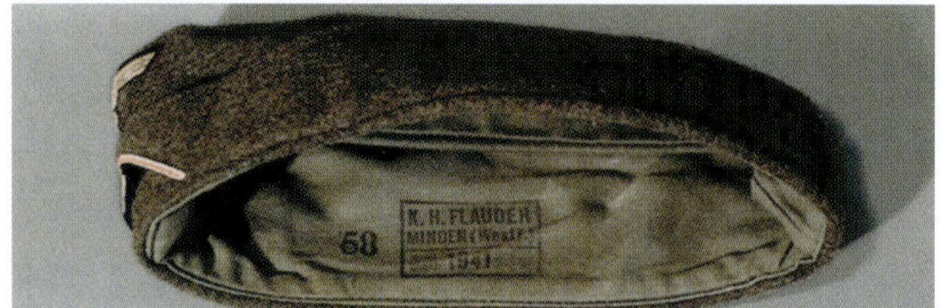

Unten links:
Diese privat gekaufte Jacke entspricht äußerlich dem Muster der ersten leichten Drillichjacke für Panzerbesatzungen. Es ist interessant, daß einzelne Soldaten anscheinend gerne den die Kosten und Mühen auf sich nahmen, sich geschneiderte Uniformteile zu beschaffen, auch wenn diese Kleidungsstücke durch den harten Einsatz an der Front dann sehr in Mitleidenschaft gezogen wurden.

Gegenüberliegende Seite oben links:
Die Hose der Felduniform für Fahrzeugbesatzungen war aus feldgrauer Wolle und in der selben praktischen Art geschneidert wie die Hose der schwarzen Panzeruniform. Man beachte die schräg eingesetzten und mit zuknöpfbarer Klappe versehenen Taschen, ebenso den Knopf und das Zugband unten am Fuß, mit denen die Hose dort angepaßt und verschlossen wurde.

Gegenüberliegende Seite oben rechts:
Die Abzeichen an der Jacke. Beachtenswert sind die Einzelheiten der Schulterabzeichen: Es handelt sich um einen Feldwebel (hellgraue Tresse um das Schulterstück und ein weißer Stern aus Metal), die Oberseite des Schulterstückes besteht aus feldgrünem Segeltuch und feldgrauer wollener Unterseite sowie einer mit Kunstseide überzogenen Zunge. Diese Kragenpatten (Kragenspiegel) wurden nur an den grauen und grünen Fahrzeuguniformen getragen. Zum Schluß gab es sie in einer unübersichtlichen Vielfalt, da während des Krieges hierzu ständig neue Vorschriften herausgegeben wurden.

Gegenüberliegende Seite unten:
Wie die meisten Sommerjacken so hat auch diese kein Innenfutter. Ebenfalls sind keine Stoffstege für die Haltehaken des Gürtels eingesetzt. Am Ärmelschlitz befindet sich ein Knopf. Auf der linken Brustseite ist innen eine Tasche aufgesetzt. Innen sind auf der einen Seite zwei Knöpfe und auf der anderen Seite dafür die Schlaufen zum Gegenknöpfen angebracht.

(22) **Generalmajor, Dienstanzug, Frankreich 1943-1944**

Teile der deutschen Generalität im Zweiten Weltkrieg waren hin- und hergerissen zwischen Widerspruch und persönlicher Verstrickung sowohl in militärischer als auch politischer Hinsicht. Während es einige Generale mit scheidendem Kriegsglück als ihre patriotische Pflicht ansahen, dem Nationalsozialismus entgegenzutreten, dienten die meisten entweder aus Opportunismus oder bedingungsloser Überzeugung. Hitler tendierte dazu, dem höheren Offizierskorps und der Generalität zu mißtrauen, was sicherlich seiner sozialen Herkunft und seinem Frontdienst als damaliger einfacher Soldat von 1914-1918 geschuldet war.

Die Basis für die Generalsuniform war der standardmäßige Dienstanzug für Offiziere, der mit goldenen Verzierungen und Abzeichen und mit roter Waffenfarbe für Generale versehen war. Von Uniform zu Uniform gab es in den Details leichte Unterschiede. Das liegt daran, daß praktisch alle Teile auf Bestellung von einem Schneider angefertigt wurden und die Generale oft ihren persönlichen Spielraum bei der Uniformgestaltung nutzten. (Beispielsweise ließen sich manche Generale den Kragen und die Kante an der Knopfleiste in der roten Generalsfarbe vorstoßen.)

Der dargestellte Generalsrock entspricht dem üblichen Bild: Ein sehr hochwertig maßgeschneidertes Stück mit dunkelgrünem Kragen, weiten Ärmelaufschlägen der sogenannten französischen Art, vorne vier geschweiften Pattentaschen mit Quetschfalten und sechs Knöpfen. (Es gibt auch solche Jacken mit acht Knöpfen.) Die Knöpfe sind alle goldfarben und an der Oberfläche wie allgemein üblich gekörnt. Als Innenfutter dient graues Satin. Eingeschneidert sind innen die üblichen Eigenheiten: ein Taillengürtel, eine Einhakschlaufe für den Offiziersdolch mit einer Öffnung an der linken unteren Tasche und eine Innentasche auf der linken Brustseite. Innen im Nackenbereich befindet sich ein Herstelleretikett, aus dem der Name des Schneiders hervorgeht: „Krüger, Schneider und Herrenausstatter, Gau-Landeshauptstadt Weimar".

Ein besonders kennzeichnendes Element an den Generalsuniformen waren die Abzeichen. Die Schulterabzeichen bestanden aus zwei goldfarbigen und einer silberfarbig geflochtenen Schnur. Das Geflecht befand sich auf einem roten Stoffträger. Die Sterne und andere Symbole des Dienstgrades waren aus Weißgold. Ein Generalmajor trug auf dem Schultergeflecht keinen Stern, der Generalleutnant einen Stern, der General zwei und der Generaloberst drei Sterne. Der Feldmarschall trug auf dem Geflecht zwei gekreuzte Marschallstäbe. Die Kragenspiegel der Generale waren nach der traditionellen preußischen Art in Larisch-Stickerei handgestickt und goldfarben auf einer roten Patte. Im Prinzip war der Kragenspiegel vom Generalmajor bis zum Generaloberst gleichartig. Eine davon abweichende Länge hatte der Kragenspiegel eines Generalfeldmarschalls. Einige unbedeutende Farbvariationen können beobachtet werden. Das betrifft beispielsweise den Farbton der goldfarbenen Fäden, die verwendet wurden, um einen höheren Glanz zu erzielen. Der Hoheitsadler auf der Brust entsprach dem im Heer verwendeten Standard, war aber aus goldfarbenem Faden. Das Trägermaterial war dunkelgrün. Vor 1938 wurde diese Stickerei aus goldfarbenen Metallfäden angefertigt, woraus eine kräftige goldene Farbe des Adlers entstand. Danach wurde angeordnet, daß ein Ersatzmaterial mit Namen „Cellon" zu verwenden war. Dieses Material verursacht die fahle goldene Farbe. Manche Abzeichen wurden auch nach 1938 weiterhin aus echtem Goldfaden hergestellt, allerdings in ziemlicher Mißachtung der klaren Anweisung.

Dieser junge Divisionskommandeur trägt seine Auszeichnung des Ersten Weltkrieges, das Eiserne Kreuz 2. Klasse (EK II) als Ordensband im zweiten Knopfloch und diese im Zweiten Weltkrieg nochmals errungene Auszeichnung als Wiederholungsspange auf dem Ordensband. Das Eiserne Kreuz 1. Klasse (EK I – diese Auszeichnung wurde 1939 gestiftet) ist auf der Brusttasche zusammen mit dem Panzerkampfwagenabzeichen und dem Verwundetenabzeichen in schwarz angesteckt. Die über der Brusttasche angesteckte Ordensspange zeigt Dienstzeitauszeichnungen beider Weltkriege sowie aus der Friedenszeit zwischen den beiden Kriegen.

Die Generalsmütze ist die Schirmmütze der konventionellen Art. Unterschiede bestehen nur in den Vorstößen der Abzeichen und der Kordelschnur. Die sonst verwendete Waffenfarbe wurde durch goldfarbige Vorstöße ersetzt. Die beiden seitlichen Knöpfe und die Kordelschnur sind ebenfalls goldfarben. Bis Ende 1942 waren der Adler und die Kokarde im Eichenlaubkranz aus silberfarbenem Metall oder silberfarben gestickt. Aber ab 1943 waren alle Generale verpflichtet, goldfarbene Abzeichen zu tragen. An dieser Mütze sind beide Abzeichen mit Goldfaden handgestickt. Das Innenfutter der Jacke besteht aus bronzefarbener Seide. Das Schweißschild am Deckel trägt die Markierung „Erel Sonderklasse Berlin" und „Offizier-Kleiderkasse". Dies bedeutet, daß die Schirmmütze mit Hilfe der Offizierskleiderkasse vorschriftsmäßig beschafft wurde. Mit dem Wort „Extra" ist eine sehr hohe Qualität gemeint.

Die von den Generalen getragenen Reithosen waren mit dem traditionellen roten Streifen, Lampassen genannt, an den Seiten versehen. Das hier getragene steingraue Hosenpaar hat innen auf der Gesäßtasche ein Etikett, auf dem als Hersteller „Scharnagl & Horr, Mannheim P7.19" vermerkt ist. Generale trugen den normalen Offiziersleibriemen. Die Zweidornschnalle ist aber goldfarben und nicht silbern, wie sonst bei Offizieren üblich. Man schenke dem mit aufwendigen Schnitzereien versehenen „Wolchowstock" Beachtung. Dies war ein traditionelles Souvenir von der Ostfront, insbesondere beliebt bei den Frontoffizieren. Üblicherweise erhielten solche mit Motiven der Einheit ausgeschmückten Stöcke die Kommandeure von ihren Soldaten. Dieser Stock besteht aus Pfirsichbaumholz. Als Stockspitze dient die Hülse einer Signalpatrone.

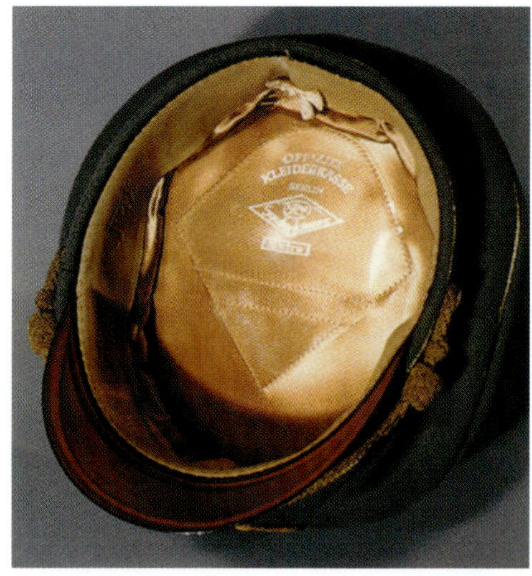

Oben links und oben:

Die Generalsschirmmütze trägt die nach 1942 verwendeten goldfarbenen Abzeichen. Man beachte den farblichen Unterschied zwischen den goldfarbenen Vorstößen am Deckelrand, die aus „Cellon" sind, und den mit Goldfaden gestickten Abzeichen der Mütze. Die Beschriftung innen auf dem Mützendeckel zeigt, daß diese Schirmmütze von dem führenden Hersteller in Berlin, der Firma „Erel" (Robert Lubstein), angefertigt wurde. Die Bezeichnungen „Sonderklasse" und „Extra" zeigen die hohe Qualität (und den hohen Preis) an. Der Schweißschutz im Mützendeckel sollte das Mützenfutter dort schützen.

Links:

Die Einzelheiten an der Dienstjacke des Generalmajors zeigen den hervorragenden Schnitt der Jacke, die Qualität und Art des Materials sowie die goldenen Knöpfe und die gestickten Abzeichen. Der Leibriemen des Generals ist nicht umgeschnallt.

Gegenüberliegende Seite oben:

Das graue Futter aus Satin zeigt die gemeinsamen Merkmale der geschneiderten Uniformen: Der einstellbare Taillengürtel und das Einhängband für den Offiziersdolch, das in der linken Armbeuge zur Stabilisierung befestigt ist, mit Einhängehaken sowie die kleine Öffnung dafür an der linken unteren Tasche.

Gegenüberliegende Seite links:

Hoheitsadler, Schulterstücke und Kragenspiegel eines Generalmajors. Die hier abgebildeten Schulterstücke sind etwas älter, erkennbar an den etwas bronzefarbenen statt hell-goldfarbenen Schnüren. Durch die Alterung sind sie auch bräunlicher geworden. Eine Waffengattung ist nicht an den Abzeichen erkennbar. Man kann gut die schweren Goldfäden erkennen, aus denen die Motive der Kragenspiegel sowie der Hoheitsadler auf der Brust gestickt sind.

Gegenüberliegende Seite rechts:

Die Hosen sind von sehr guter Qualität und tragen die traditionellen roten Lampassen der Generalität (zwei 4 cm breite Streifen, dazwischen jeweils eine 0,5 cm breite Saumnaht) an den Außenseiten .

(23) Artillerieoffizier, Dienstanzug, Rußland 1943-1944

Die Entwicklung der Heeresartillerie verlief relativ langsam. Die Gründe dafür waren vielfältig, vor allem aber verboten die Bedingungen des Versailler Friedensvertrages in der Zeit zwischen den Kriegen Deutschland den Besitz von schweren Waffen. Aus diesem Umstand ergaben sich auch die „Blitzkriege", denn die Aufgabe der schweren Artillerie mußten andere Wehrmachtteile übernehmen. So sorgte zum Beispiel die direkte Luftunterstützung der schnell vorrückenden motorisierten Verbände dafür, daß der Vormarschweg frei war. Im Verlauf des Krieges wurden neue Waffen entwickelt, entweder aufgrund der Fronterfahrungen oder durch Nachbau von erfolgreichem feindlichen Gerät oder durch kostengünstigeren Austausch bisheriger Waffenarten. Der Artillerie wurden eine Vielzahl von Waffen zugeteilt. Dazu gehörten die Feldhaubitzen, die Festungsgeschütze und die Flakartillerie, die tödlich und erfolgreich auch zur Erdzielbekämpfung als Panzerabwehrkanone eingesetzt wurde, außerdem die Raketengeschosse, die unter der irreführenden Bezeichnung „Nebelwerfer" geführt wurden, und die selbstfahrende Panzerartillerie sowie riesige Eisenbahngeschütze.

Obwohl die harte Auseinandersetzung an der Ostfront das Erscheinungsbild des deutschen Soldaten stark beeinträchtigte, waren noch immer Spuren des früheren Glanzes sichtbar. Offiziere trugen noch immer ihre goldfarbenen und goldenen Abzeichen. Und obwohl jetzt auch viele der Offiziere und Unteroffiziere die ausgegebene Uniformbekleidung trugen, traf man doch noch ebenso viele mit maßgeschneiderten oder individuell umgeschneiderten Uniformen an.

Dieser Uniformrock wurde ursprünglich als normale Mannschaftsjacke vom Typ M 35 gefertigt, danach für den Offiziersgebrauch umgearbeitet und später verändert oder repariert. Die Jacke behielt die vier Taschen mit den leicht geschweiften Taschenpatten und die fünf Knöpfe vorne an der Knopfleiste. Der Kragen, original bespannt mit dunkelgrünem Abzeichentuch, wurde umgeschnitten, um die Kragenecken stärker hervorzubringen. Später wurde dann wieder umgeändert. Die Ärmelschlitze wurden entfernt und französische Ärmelaufschläge angeschneidert. Aus modischen Gründen wurde die Jacke gekürzt. Interessant ist, daß die Jackentaschen während des Krieges ersetzt wurden. Der dafür verwendete Stoff ist zwar gut, aber nicht von der eigentlich notwendigen Art und Qualität. An den unterschiedlichen Nähmaschinennähten kann man erkennen, daß diese Arbeit nicht gleichzeitig mit der schneidermäßigen Umarbeitung des Uniformrockes erfolgte.

Das Innenfutter entspricht dem des Modells M 35, hat aber einige Veränderungen, die wahrscheinlich vorgenommen wurden, als das Rückenteil dem Träger angepaßt wurde. Zusätzlich wurde innen auf der linken Brustseite eine graue Baumwolltasche hinzugefügt. Ebenso wurde nachträglich an der linken Seitentasche eine Öffnung für die Hängevorrichtung des Offiziersdolches angebracht. An einer Stelle kann man noch erkennen, daß unter der rechten Armbeuge ein Stoffsteg für das Trageband des Dolches vorhanden war, der aber entfernt wurde. Auf der rechten Innenseite trägt der Rock die Bestempelung und Beschriftung der Größe und „H 39" (Hannover 1939) sowie handschriftlich „ART 70" (Artillerie-Regiment 70 ?).

Die farblich matten Plattschnüre der Schulterstücke sind die eines Hauptmanns. Sie sind ebenso wie die Offizierslitzen an den Kragenpatten mit roter Farbe vorgestoßen, was für Artillerie steht. Der handgestickte Hoheitsadler auf der Brust ist die silberfarbige Offiziersausführung dieses Abzeichens. Der Hauptmann ist dekoriert mit dem Eisernen Kreuz 1. Klasse (EK I), dem Heeres-Flakabzeichen als Kampfabzeichen für die Flak, einer Ordensspange mit den Auszeichnungen des Eisernen Kreuzes 2. Klasse (EK II), des Kriegsverdienstkreuzes 2. Klasse mit Schwertern und der Ostmedaille 1941/42. Er trägt auf dem linken Oberarm das Demjansk-Schild. Dies wurde im April 1943 wegen persönlicher Teilnahme an der 14monatigen Verteidigung des „Kessels von Demjansk" 1941-42 (südlich des Ilmensees) verliehen.

Die Hosen sind von der Art, wie sie berittene Einheiten hatten; sie wurden aber oft auch von Feldwebeldienstgraden und Offizieren getragen. Sie haben drei Taschen mit Knöpfen, außerdem eine kleine Uhrentasche rechts in der Leistengegend. Die Hosenbeine werden mit drei Knöpfen verschlossen. Im Bund der Hose befinden sich ein eingearbeiteter Innengürtel sowie Knöpfe für die Hosenträger. Wie üblich bei diesen Hosen, ist auch hier eine Stoffverstärkung im Sitzbereich aufgebracht, aber in der ungewöhnlichen Art, daß an der Innenseite der Unterschenkel und am Knie diese Stoffverstärkung gesteppt ist. Im Innenbund ist die Hosengröße eingestempelt und „M 41" (München 1941).

Die „Offiziersfeldmütze neuer Probe" der Ausführung M 38 für Offiziere ist aus einem schlechteren Material für den Einsatz im Feld geschneidert, was typisch war für die letzten Kriegsjahre. Sie hat keine Ventilationsösen und auch einen schmaleren Deckel, wodurch sie einen besseren Sitz bekommen sollte. Der silberfarbig gewobene Vorstoß zeigt den Offiziersstatus. Er verläuft oben rundum am Deckelrand und ist auch vorne an dem bogenförmigen Ausschnitt der Mützenfaltenschweifung angebracht. Der Adler ist aus silbernem Faden auf feldgrauem Träger maschinell gewoben. Die Kokarde ist handgestickt und erhaben gearbeitet. Sie liegt wulstig auf der Mütze auf. Innen hat die Mütze ein Futter aus seeblauer Baumwolle und an der Stirn teilweise ein ledernes Schweißband. In dieses Band sind die Worte „Deutsche Qualität" eingeprägt.

Oben links:
Ein feldmäßiges Exemplar der Standardmütze M 38 für Offiziere. Sie hat vorne die Borte der Soutache in der roten Waffenfarbe der Artillerie. Man beachte die nicht gerade beeindruckende Qualität des Gewebematerials. Beim Adler handelt es sich um das maschinell gewobene Modell, während die Kokarde in erhabener Art gestaltet und geformt ist (ungeachtet dessen, daß auch maschinell gewobene Kokarden verfügbar waren).

Oben:
Die Artillerie-Schulterstücke tragen die zwei goldfarbigen Dienstgradsterne eines Hauptmanns und geben ein gutes Beispiel für die matten oxidierten silbernen Plattschnüre der Kriegszeit ab. Man beachte auch die hier am Artillerierot ersichtlichen verschiedenen Farbtöne der Waffenfarbe. Das gab es in dieser Art sehr oft. Der handgestickte Hoheitsadler auf der Brust ist von Hand auf den Uniformrock aufgenäht worden. Eine typische Erscheinung der Kriegszeit.

Links:
Ein M 35-Dienstrock für Mannschaften diente als Grundmodell für diese Ausführung. Er hat Taschen mit Quetschfalte und Schweifung an der Taschenklappe, verschließbar mit fünf Knöpfen an der Knopfleiste vorne. Die Ärmel wurden für den Offiziersgebrauch abgeändert. Der Austausch der zwei Taschen wurde mangelhaft durchgeführt.

Unten:
Das Eiserne Kreuz wurde eigentlich ein Stück höher an der Tasche getragen. Noch weiter oben in die eingenähten Schlaufenlöcher wurde nur noch die Nahkampfspange eingesteckt. Der feldgraue Trägerstoff des Demjansk-Schildes steckte zwischen dem Abzeichen selbst und einer darunter angebrachten Metallplatte. Der Trägerstoff wurde am linken Oberarm angenäht.

Ganz unten:
Die Fütterung der Jacke ist in schlechtem farblichen Zustand. Es handelt sich um cremefarbiges Drillichmaterial. Bei genauem Hinsehen kann man die Nähte der Änderungsschneiderung rund um die unteren Taschen und an den Seiten des Rückenteils der Jacke ausmachen. Man beachte die nachträglich aufgesetzte graue Innentasche und die Öffnung für die Einhängung des Offiziersdolches auf der linken Jackenseite.

Rechts:
Die Größenangabe und die Herstellernummer können in der Jacke gut, in der Hose jedoch nur schlecht gelesen werden. Man achte auf den handschriftlichen Zusatz „Art. 70“ in der Jacke.

(24) **Infanterist, Feldanzug, Frankreich 1944**

Als die Alliierten in der Normandie am 6. Juni 1944 landeten, standen auf deutscher Seite eine erhebliche Anzahl von altgedienten Kampfeinheiten in Ruhe- und Auffrischungslagern oder zur Neuorganisation in Frankreich. Diese Einheiten verfügten über umfassende Kampferfahrung, die sie von der Ostfront mitbrachten. Innerhalb weniger Tage nach der Landung demonstrierte die Wehrmacht ihre bekannte Flexibilität. Die Alliierten hatten während der Kämpfe um Frankreich die Lufthoheit auf ihrer Seite. Die Deutschen hingegen sahen sich ab dem ersten Tageslicht aus der Luft bedroht und kamen sich vor, wie von Hunden gejagt. Die meisten der sehr heftigen Kampfhandlungen fanden auf kleinerem Raum statt. Diese Umstände machten die Tarnung von Fahrzeug und Mensch zu einer überlebenswichtigen Sache.

Zu dieser Zeit hatte das Heer verschiedene Kleidungsarten im Diensteinsatz. Die Waffen-SS war mit der Einführung von Tarnkleidung viel weiter und schneller als das Heer. Ein Tarnhemd zum Überziehen und ein Helmüberzug im Splittermuster, der auf der anderen Seite weiß war und in einer vergleichbaren Ausführung bei der Waffen-SS Verwendung fand, wurde 1942 eingeführt. Ein späteres Modell mit zusammengefalteter Kapuze im Sumpfmuster erschien 1943. Es gab aber keine generelle Ausstattung mit dieser Ausrüstung. Vielen blieb nur die wendbare Winteruniform, die eine häufig benutzte Heeres-Tarnkleidung war. Es gab auch unbearbeitete Stoffbahnen mit dem Sumpfmuster, die der Tarnung dienten. Jedoch war die einzige Tarnmöglichkeit der meisten Truppen im Sommer 1944 die Zeltbahn mit dem Tarndruck (Zeltbahn 31), die auch als Umhang benutzt wurde. Sie wurde an alle im Feld stehenden Truppen ausgegeben und bot eine schnelle und effektive Möglichkeit der Tarnung.

Die Zeltbahn bestand aus sehr dichtem und wasserabweisendem Baumwollgewebe. Sie hatte die Form eines gleichschenkligen Dreieckes (2,50 m breit und ungefähr 1,90 lang). Die Zeltbahn konnte mit insgesamt 62 flachen Stahlknöpfen und 30 Knopflöchern in die verschiedensten Formen gebracht werden. Hauptsächlich waren es Biwakzelte, die dann entstanden, wenn zwei, drei oder noch mehr solcher Zeltbahnen miteinander verknöpft und dazugehörige Zeltstangen verwendet wurden. Eine in der Mitte der Zeltbahn vorhandene abgedeckte längliche Öffnung ermöglichte es, die Zeltbahn als Poncho über den Kopf zu ziehen. Weitere Verwendungsmöglichkeiten bestanden als Pferdedecke, beim Fahrradfahren oder beim Fußmarsch.

Die Zeltbahn war mit dem Heeres-Splittermuster bedruckt, wobei die eine Seite der Zeltbahn heller und die andere Seite dunkler war. Im späteren Sumpfmuster gab es die Zeltbahn nicht. In einer der Ecken war sie vom Hersteller mit Namen und Produktionsdatum bestempelt, was aber hier nicht mehr erkennbar ist. Später hergestellte Zeltbahnen trugen nur noch die Reichsbetriebsnummer.

Der fabrikmäßig hergestellte Tarnhelmüberzug war nicht sehr verbreitet. Helmtarnungen mit Feldmaterial waren üblicher. Der Überzug war auf der einen Seite im Splitter-Tarndruck und auf der anderen Seite in Weiß. Er bestand aus fünf zusammengenähten Stoffteilen. Eine zweite Version hatte außen herum insgesamt sieben aufgenähte Schlaufen oder eingenähte längliche Lochöffnungen, in denen Laubwerk und Blätter befestigt werden konnten. Am Helm war der Überzug durch ein Zugband am unteren Rand befestigt, was sich sehr von dem Befestigungssystem bei der Waffen-SS unterschied. Dort wurden unter Federspannung stehende doppelseitige Haken zur Befestigung verwendet. Für viele im Feld selbst hergestellte Helmüberzüge wurde die Zeltbahn mit dem Splittermuster verwendet. Sie hatten deswegen auf beiden Seiten dieses Tarnmuster. Solche Eigenherstellungen aus dem Feld in Sumpfmuster sind sehr selten. Diese bestanden aus abgeschnittenen Faltkapuzen oder aus dem Stoff von Winteruniformen.

Dieser Soldat hier trägt sein in das Koppeltragegestell eingehängtes Gefechtsgepäck auf dem Rücken. Das schwere A-förmige Tragegestell ermöglichte es, die gesamte Grundausrüstung für den Kampfeinsatz mittragen zu können. Der Knappsacktornister wäre zu sperrig gewesen. Die vier D-förmigen Ringhaken des Gurtbandtragegerüsts wurden in die D-Hakenringe der Träger des Koppelragegestells eingehängt. An zwei Schnallgurten am unteren Teil des Tragerahmens konnte die zusammengerollte Zeltbahn befestigt werden. Darüber war das Kochgeschirr mit Gurten, die durch Schlaufen am Tragegerüst führten, festgeschnallt. Eine Segeltuchtasche gehörte ebenfalls zum Gefechtsgepäck, die Gegenstände aus dem Brotbeutel wie das Putzzeug, den kleinen Feldofen, Besteck, Eiserne Ration usw. enthielt. Sie wurde in der Praxis aber oft weggelassen.

Das kleine Schanzzeug wurde von den meisten kämpfenden Truppen am Mann mitgeführt. Der übliche Spaten war der hier abgebildete mit quadratischer Blattform. Später gab es noch eine andere Version, bei der das Spatenblatt angewinkelt in drei verschiedenen Positionen zum Tragen, Graben und Hacken arretiert werden konnte. Dieses Modell wird deswegen auch als „Klappspaten" bezeichnet. Der Spaten wird am Koppel aufgeschlauft, in einer ledernen Spatentasche getragen und von einem Riemen mit der Seitengewehrscheide verbunden, wodurch beides mehr Tragestabilität bekommt. Dieser Soldat gehört zu einem MG-Trupp und ist für die Munitionszuführung zuständig. Er trägt zwei Patronenkästen 41 mit jeweils 300 Patronen und einen Ersatzlauf für das MG, der in einer Tragevorrichtung (Laufschützer 42) transportiert wird.

Oben links:
Das zweite Muster des Helmüberzugs, der mit Zweigschlaufen versehen ist. Man achte darauf, denn es gibt auch Tarnüberzüge für den Stahlhelm, die vor Ort an der Front direkt angefertigt wurden. Aber dies ist die offizielle Ausführung. Üblicherweise ist der Überzug auf der einen Seite im Splittermuster bedruckt, die andere Seite ist in naturweiß. Beide Seiten können zu Tarnzwecken verwendet werden.

Oben:
Der Spaten als „kleines Schanzwerkzeug" blieb seit den Jahren ab 1880 fast unverändert im Einsatz. Manchmal war er angeschliffen, um ihn auch als Nahkampfwaffe verwenden zu können. Das Seitengewehr S 84/98 wurde während des ganzen Krieges in dieser Art verwendet. Lediglich die Holzgriffe wurden bei neueren Produktionen durch Griffschalen aus Bakelit ersetzt. Die Seitengewehrtasche hat bereits den während des Krieges eingeführten verschließbaren Sicherungssteg, der das Herausrutschen aus der Scheide verhindern sollte.

Links:
Die Zeltbahn des Musters von 1931. Man beachte die dreieckige Form und die Anordnung der Knöpfe, Knopflöcher, Halterungen und Öffnungen. Zentral in der Mitte befindet sich die Öffnung für den Kopf mit der Abdeckleiste, wenn die Zeltbahn als Poncho getragen werden sollte. Ebenfalls zu beachten sind die unterschiedlichen Farbtöne auf den beiden Seiten. Das Grundmuster ist immer identisch, aber farblich konnten Unterschiede vorkommen, die auf die unterschiedlichen Hersteller der Zeltbahnen zurückgehen.

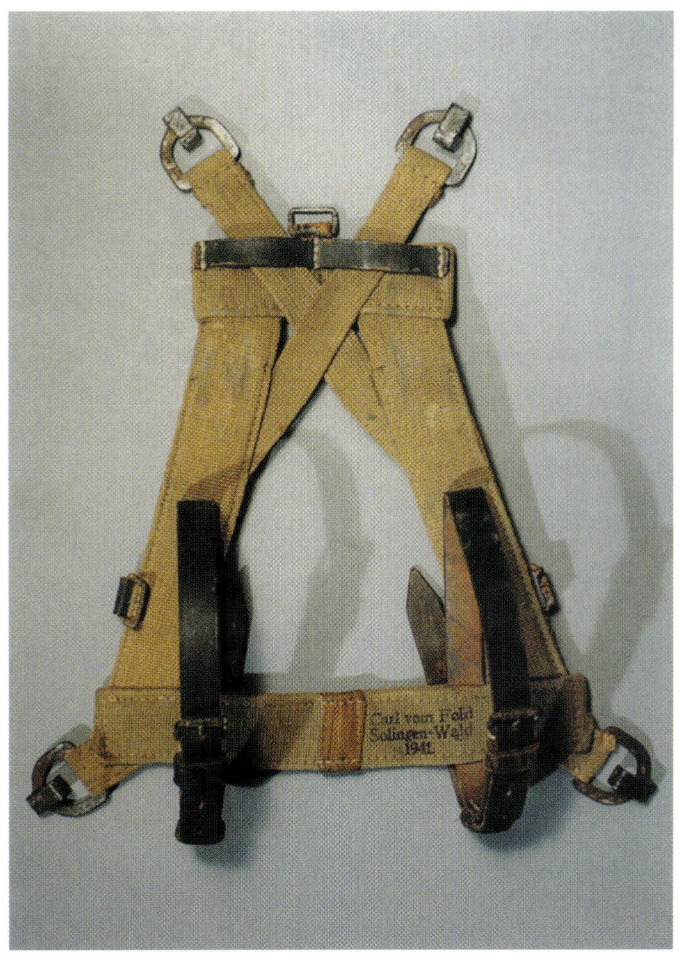

Oben links:
Die Innenseite des Tragegestells zeigt die Struktur und die Robustheit des verwendeten Materials. Ebenso zu sehen sind die vier Haken in D-Form zur Einhängung in das Koppeltragegestell.

Oben rechts:
Das Tragegestell von vorne: Zu sehen sind die Riemen für die Aufnahme der zusammengerollten Zeltbahn oder der Decke. Das Gestell trägt die Herstellerbestempelung „Carl vom Feld Solingen-Wald 1941".

Links:
Der Patronenkasten faßt 300 Patronen oder 250 aufgegurtete Patronen mit Gurtverbindungen. Man beachte die seitlich versetzten Griffe, wodurch es möglich war zwei Patronenkästen gleichzeitig in einer Hand zu tragen oder an jedem Ende eines Tragegurtes einen Patronenkasten über die Schulter umgehängt zu tragen. Der Tragebehälter für den MG-Wechsellauf war sowohl für Läufe des MG 34 als auch des MG 42 geeignet.

(25) Panzergrenadier, Feldmantel, Rußland 1943-1944

Im Jahre 1944 hatte die deutsche Textilindustrie einen kritischen Punkt bei der Produktion von Uniformstoff erreicht. Seit 1942 nahm die Produktion von Kunstseide als Ersatzmaterial für Wolle zu. Der Hintergrund für diesen Austausch waren sicherlich wirtschaftliche Gründe. Ab diesem Zeitpunkt war die Industrie auf eingestampfte Altstoffe angewiesen, um daraus die feldgrauen Stoffballen zu produzieren. Dieses minderwertige Material, das übrigens für die meisten Kleidungsstücke der letzten Kriegszeit verwendet wurde, hatte schlechte Isolationseigenschaften, zerriß leichter als Wolle, regulierte die Feuchtigkeit ungenügend und war – wenn es einmal durchnäßt war – sehr schlecht zu trocknen. In den Jahren 1944/45 lag der Wollanteil der meisten Uniformen unter 30 %, und das Baumwollmaterial für das Innenfutter war durch gesponnene graue Kunstseide ersetzt worden. Auch beim für die Feldausrüstung benötigten Leder gab es erhebliche Engpässe. Eine Alternative wurde durch die Verwendung eines Lackes gefunden, der aus Holzbrei gewonnen und aus dem in dünnen Schichten Preßpappe hergestellt wurde. Aus dem gewonnene Preß-Stoff, den es in schwarz und braun gab, wurden entsprechende Gegenstände wie Pistolen- und Patronentaschen oder Taschen für das Schanzzeug hergestellt. Das Aussehen des deutschen Soldaten blieb nahezu unverändert, aber die Qualität und Haltbarkeit seiner Uniform und seiner Ausrüstung hatten sich stark vermindert, was bezeichnend war für Deutschlands immer schlechter werdende wirtschaftliche Situation.

Auch am Feldmantel waren seit Kriegsbeginn mehrere, meistens wirtschaftlich bedingte Veränderungen vorgenommen worden. Der Mantel war immer noch doppelt geknöpft und vorne übereinanderliegend. Zum Knöpfen hatte er zwei Knopfreihen mit jeweils sechs Knöpfen und einem Gegenknopf aus Kunststoff links innen, der die rechte Mantelseite gegenknöpfte. Die Länge des Mantels reichte etwa bis zur Mitte der Wade. Die Ärmel hatten noch immer die weit hinaufreichenden französischen Ärmel. Auf Hüfthöhe waren zwei schräge Taschen mit Taschenklappen eingesetzt. Auf der linken Brustseite befand sich innen eine kleine Tasche. Der Kragen bestand nicht mehr aus dunkelgrünem Abzeichenstoff (dies wurde bereits 1940 geändert), sondern aus feldgrauem Stoff, so wie der Mantel selbst. Die Länge des Kragens war vorne ursprünglich 9 cm, gegen Kriegsende war er fast doppelt so lang. Beim hier abgebildeten Beispiel handelt es sich um den üblichen in mittlerer Größe. Unten am Kragen war ein Steg mit zwei Knöpfen, so daß es möglich war, den hochgeschlagenen Kragen bis zum Unterteil des Gesichts zuzuknöpfen. Mit Haken und Ösen konnte der Mantel bei normaler Tragweise am Hals verschlossen werden.

Auf der Rückseite war ein Halbgürtel mit zwei normalen Knöpfen und mit Knopflöchern. womit man theoretisch den Gürtel um die Taille einstellen und befestigen konnte. Dies wurde jedoch kaum so benutzt. Eine offene Dehnfalte verlief vom Nacken zur Hüfte (Sie wurde manchmal zugenäht, wie man auch auf diesem Bild sehen kann, was jedoch nicht den Vorschriften entsprach.) Ab der Taillenhöhe war der Mantel hinten geschlitzt. Bei Bedarf wurde der Schlitz mit vier kleinen Kunststoffknöpfen geschlossen. Auf den Schultern befanden sich ein kleiner Steg und ein Knopf, an denen die Schulterstücke befestigt wurden, die aber jederzeit wieder abnehmbar waren. Die hier zu sehenden Schulterstücke gehören zu einem Panzergrenadier im Mannschaftsdienstgrad. Panzergrenadiere waren normalerweise mit Halbkettenfahrzeugen ausgerüstet und ein Bestandteil von Panzerdivisionen oder von gepanzerten Infanteriedivisionen. Das Innenfutter des Mantels besteht aus graubraunem Drillichmaterial und bedeckt den Innenbereich von den Schultern bis zur Hüfte. Außerdem sind innen die Taschensäcke für die beiden Hüfttaschen eingenäht. Die Ärmel sind mit einer einzelnen Lage silbergrauer Kunstbaumwolle gefüttert. Oberhalb der beiden Taschen ist eine vertikale Öffnung, durch die die Koppelhaken eingesetzt werden können, um das Koppel, das gemäß dienstlicher Anweisung außen zu tragen war, zusätzlich zu halten. Nur die Größenangabe des Mantels ist vermerkt. Sie ist auf die innere Brusttasche gestempelt. Es können auch noch weitere Markierungen innen im Mantel sein.

Dieser MG-Schütze trägt das Standardkoppel entsprechend der für seinen Dienst geltenden Regelungen. Auf dem Koppel ist an der linken Hüfte die Pistolentasche für die Walter P 38 aufgeschnallt. Alle MG-Schützen trugen zum persönlichen Selbstschutz Pistolen. Die Pistolentasche wurde aus weichem Leder hergestellt. Die Oberfläche konnte sowohl rauh als auch glatt sein. Die Tasche hat vertikale und horizontale Kappen. Vorne an der Pistolentasche ist noch eine kleine Haltertasche für ein Ersatzmagazin. Hinten sind zwei vertikale Gürtelschlaufen. Dort befinden sich auch deutliche Markierungseinprägungen: Zwischen den Schlaufen steht die Herstellernummer „bla 1944“ (Bedeutung: E. G. Leuner, Bautzen) und darunter der Freigabestempel des Waffenamtes. Neben der rechten Schlaufe ist groß und flächig mit deutlicher Kontur „P 38“ eingeprägt. Zur weiteren Standardausrüstung eines MG-Schützen gehörte die Werkzeugtasche. Diese war auf der rechten Seite des Koppels aufgeschlauft. Sie enthielt wichtiges Zubehör, wie einen Ersatzbolzen, Schießzubehör, Tieffliegervisierung, Werkzeug, Öl, Putzzeug und Mündungsschoner. Ein Asbesthandschuh zum Austausch des heißen Laufes wurde oft hinter die Werkzeugtasche eingesteckt. Die Werkzeugtasche war eigentlich aus Leder, diese hier jedoch ist aus Preß-Stoff. Der Riemen vorne an der Tasche ist aus echtem Leder, ebenso wie die beiden Schlaufen auf der Rückseite. Ein D-Ring aus Eisen war ebenfalls an der Tasche befestigt. Damit konnte die Putztasche ins Koppeltragegestell eingehakt werden.

Unten:
Der Stahlhelm M 42 hat hier den Kinnriemen nach oben umgestülpt. So kamen die Stahlhelme aus der Fabrik. Schiefergraue Farbe und raue Oberfläche. Zu dieser Zeit waren keine Abzeichen mehr auf den Helmen aufgebracht.

Rechts:
Dies ist der übliche und oft verwendete Feldmantel, wie er zu fortgeschrittener Kriegszeit aussah: schlechte Qualität des verwendeten Stoffes, das einen geringen Wollanteil hatte, und ein mittelgroßer, feldgrauer Kragen.

Unten:
Das Mantelfutter ist Standard und geht nur von den Schultern bis zur Hüfte. Man beachte die hängenden Taschensäcke der Seitentaschen, die silbergraue Ärmelfütterung, die Öffnungen für die Gürtelhaken und die Knöpfe, mit denen hinten der Mantelschlitz verschlossen werden konnte.

Gegenüberliegende Seite oben:
Diese Art von Kragenverschluß und -fixierung mit Steg und Knöpfen findet man an fast allen Feld- und Schutzmänteln.

Links:
Viele MG-Bedienungmannschaften verwendeten Ferngläser (Doppelfernrohre), um die zu beschießenden Ziele genau ausmachen zu können. Dieses hier ist der Standardtyp 6 x 30 und trägt die Herstellercodierung „cag" für „D. Swarovski Glasfabrik, Wattens/Tirol".

Links:
Die Rückseite der Pistolentasche der halbautomatischen Walther P 38 trägt die Herstellermarkierungen zwischen den Gürtelschlaufen und rechts die Einprägung „P 38" Die Rückseite der MG-Werkzeugtasche macht erkennbar, wie die Tasche zusammengesetzt ist: die Gürtelschlaufen, der Steg für den Einhakring und die Schlaufen sind aus echtem Leder, das Hauptmaterial der Tasche ist synthetischer Preß-Stoff.

(26) **Unterfeldwebel der Panzertruppe, Feldanzug, Frankreich 1944**

Die Wichtigkeit der Panzertruppe stand während des ganzen Krieges außer Frage. Ungeachtet der hohen Verluste führte Deutschland deshalb neue hervorragende Panzermodelle – den PzKw V „Panther" und den PzKw VI „Tiger" – ein. Hinzu kam die enorme Kampferfahrung, die die jungen Kommandeure der Panzerverbände hatten. Die gepanzerten Fahrzeuge blieben das Kernstück der deutschen Gegenoffensiven und der Verteidigungstaktik an allen Fronten. Die Zahl der Panzerfahrzeuge innerhalb eines Verbandes nahm jedoch mit Fortgang des Krieges immer weiter ab. Die Verluste an der Ostfront waren erschreckend hoch, doch bewies sich im Laufe der Zeit, daß hoher Qualitätsstandard und Erfahrung eine zahlenmäßige Überlegenheit ausgleichen konnten. Als die Alliierten im Juni 1944 in Frankreich landeten, kamen auch sie mit einer riesigen Streitmacht von neuen Panzern, in denen motivierte Panzerbesatzungen saßen. Die wenigen, die bereits in Nordafrika mit dem deutschen Feind zu tun gehabt hatten, waren aber von großem Respekt vor dem Gegner und seiner Ausrüstung erfüllt. Es sei nochmals gesagt, daß die wenigen, aber technisch hochwertigen und neuesten Panzer mit den ostfronterfahrenen Besatzungen es waren, die den hohen Preis bestimmten, den die Alliierten für jeden Kilometer Geländegewinn bezahlen mußten.

Die schwarze Fahrzeugschutzbekleidung der Panzertruppe wurde zu dieser Zeit auch von verschiedenen Einheiten getragen, die nicht zu den Panzerbesatzungen gehörten. Das waren beispielsweise die Soldaten der Nachrichtenabteilungen, der Pioniere, der Aufklärungsabteilungen und auch die Angehörigen von verschiedene Einheiten der Sturmartillerie. Für die Panzereinheiten blieb die Fahrzeug- und Schutzbekleidung im großen und ganzen während des Krieges unverändert. Die bemerkenswerteste Vereinfachung war das Verschwinden der waffenfarbenen Vorstöße am Kragen irgendwann im Jahr 1942. Die hier dargestellte Panzerjacke ist bemerkenswert, weil sie zu einer kleinen Stückzahl gehört, die bereits 1940 ohne die Vorstöße in der Panzerfarbe hergestellt wurden. In dieser Art fand die Jacke erst in der späteren zweiten Kriegshälfte Verwendung.

Die Jacke ist noch immer mit dem linken Vorderteil über das rechte Vorderteil geknöpft und hat zu diesem Zweck auf der rechten Seite eine verdeckte Knopfleiste mit vier großen Kunststoffknöpfen. Am linken Jackenaufschlag sind weitere drei Knopflöcher für drei kleinere Knöpfe auf der rechten Seite, so daß die Jacke bis nach oben geschlossen werden konnte. Am Hals ist ein Haken-Ösen-Verschluß. Allen Wetterunbilden konnte so getrotzt werden. Der Kragen scheint hier spitzer zu sein, als dies nach dem Muster M 36 sein müßte. An den Ärmeln findet sich der verstellbare Ärmelschlitz. Das Jackenfutter ist im Schnitt unverändert und besteht hier aus dem üblichen hellgrauen Drillichstoff. Später wurde dafür silbergraue oder schwarze Kunstseide verwendet. Nur die beiden Jackenvorderseiten haben diese Fütterung, die von unten bis hinauf zu den Schultern reicht. Zwei Innentaschen sind angebracht, wobei die rechte eine horizontale und die linke eine vertikale Öffnung hat. Innen um die Taille verlaufen zwei Zugbänder in einem „Tunnel", mit denen die Jacke um die Taille angepaßt werden konnte. Ein Verstärkungsstoff für den Einhaksteg der Koppelhaken ist beginnend an den Achselhöhlen eingenäht. Der Einhaksteg selbst hat vier horizontale kleine Öffnungen, in denen die Koppelhaken eingesetzt werden konnten. Über der linken Innentasche ist das Futter bestempelt mit der Jackengröße und mit „Paul Opalla & Co. B 40" (Berlin 1940).

Als Abzeichen sind auf der Panzerjacke der normale rhombusförmige Kragenspiegel (Kragenpatte) mit dem weißen, aus Metall bestehenden Totenschädel und den Vorstößen in der Waffenfarbe angebracht. Das Hoheitsabzeichen auf der rechten Brustseite ist eine frühe Art und wurde maschinell mit weißem Faden auf schwarzem Trägerstoff aufgewoben. Die Schulterstücke geben als Dienstrang einen Unterfeldwebel an und sind komplett mit matt-silberfarbener Litzentresse umrandet. Wie im Kapitel 21 bereits ausgeführt, verlief an der Panzeruniform nie die Unteroffiziertresse am Kragen entlang. Dieser Panzerkommandant trägt die Ordensbänder des Kriegsverdienstkreuzes 2. Klasse und der Ostmedaille 1941/42 im Knopfloch des Jackenaufschlages. Das Panzerkampfabzeichen ist auf der linken Brust angesteckt. Es wurde für die Beteiligung an mindestens drei Panzerangriffen verliehen.

Unter der Jacke wurde ein Kragenhemd in mausgrauer oder später in feldgrauer Farbe mit einer schwarzen Krawatte getragen. Die Feldhose der Panzeruniform war, abgesehen vom Austausch des Gurtbandes im Hosenbund durch Hosenträgereinhängungen, unverändert. Die Feldmütze ist das Standardmodell M 34, so wie es in schwarzer Farbe für die Panzertruppe im März 1940 eingeführt wurde. Abgesehen davon, daß der Adler mit weißem Faden (später in grau) auf schwarzem Stoff maschinengewoben ist, entspricht das Abzeichen dem Standard. Unter dem Hoheitsadler ist die dreifarbige Reichskokarde auf schwarzem Trägermaterial auf der Mütze angebracht. Der um die Kokarde aufgenähte Winkel in der Waffenfarbe, die so genannte Soutache, verschwand offiziell im Juli 1942, war aber praktisch bis Kriegsende an den Mützen zu sehen. Auch die Feldmütze der Muster M 42 und M 43 gab es in schwarz, aber die Mützenart M 34, das Schiffchen, war die beliebteste, da sie bei der Verwendung der Kopfhörer und an den optischen Geräten nicht störte.

Bei den hier verwendeten Kopfhörern handelt es sich um die „Funkhaube A" für die Besatzungen von Panzerfahrzeugen. Sie hatte große in Gummi eingefaßte Ohrmuscheln, die eine angenehme Benutzung ermöglichten und Außengeräusche weitgehend abhielten. Das Kehlkopfmikrofon ist das von Panzerbesatzungen benutzte Modell. Es hatte einen kleinen Schaltkasten mit Sprechen/Hören-Schaltern, der auf der Brust hing.

Oben links und oben:
Die Feldmütze M 34 wurde 1940 aus schwarzem Stoff eingeführt und war in ihrem sonstigen Aussehen identisch mit dem feldgrauen Schiffchen. Die Mützen hatten entweder einen grauen oder schwarzen Futterstoff aus Baumwolltwill. Die Mützenmarkierungen können entweder die Mützengröße oder die Herstellerangaben oder beides umfassen. In diese Beispielmütze ist „Franz Ritter vorm. Karl Roth, Dettingen 1942" und „58" für die Größe eingestempelt.

Links:
Eine interessante schwarze Panzerjacke des Modells nach 1942. Sie hat am Kragen keine vorgestoßene Waffenfarbe, obwohl sie laut Markierungsangabe bereits 1940 hergestellt wurde. Man beachte die Kombination und Anordnung der Knöpfe und Knopflöcher und vergleiche mit der privat geschneiderten Panzeruniform, die im Kapitel 8 dieses Buches vorgestellt wird.

Rechts:
Die Kragenspiegel (Kragenpatten) und der Brustadler waren standardmäßig. Dieser früh produzierte Hoheitsadler mit weißem Emblem auf schwarzem Trägerstoff wurde durch eine hellgraue Version an Jacken ersetzt, die erst in den späteren Kriegsjahren hergestellt wurden. Die Schulterabzeichen für den Dienstgrad eines Unterfeldwebels waren nach der frühen Methode fest angenäht. Später wurden sie durch abnehmbare Schulterklappen ersetzt, obwohl auch diese dann gelegentlich angenäht wurden, um ein Hängenbleiben im Panzer zu vermeiden.

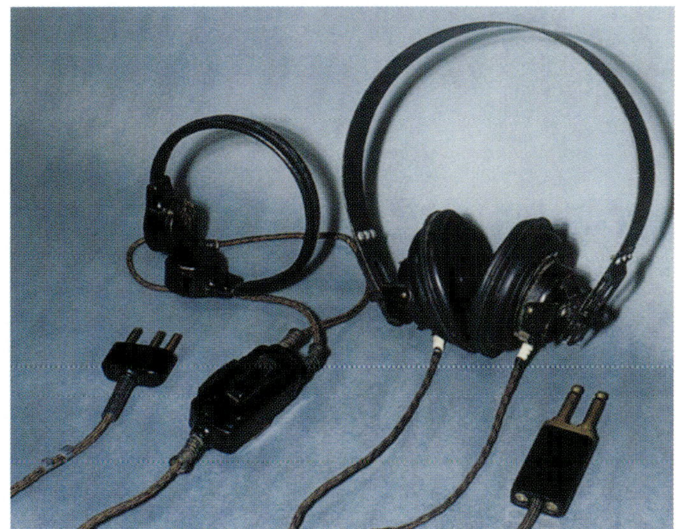

Oben:
Die übliche Jackenfütterung einer Panzerjacke. Sie sah während des ganzen Krieges so aus, allerdings wurden unterschiedliche Materialien verwendet. Man beachte den Stoffsteg mit den Öffnungen für die Koppelhaken, den Verstärkungsstoff und die Zugbänder.

Oben:
Dieses Foto zeigt die später während des Krieges produzierte „Funkhaube A". Den Kopfhörern fehlt die lederne oder lederartige Umkleidung des Bügels. Man achte ebenso auf die in Gummi eingefaßten Ohrhörer. Das Kehlkopfmikrofon ist hier komplett mit dem kleinen Schaltkästchen für die Funktionswahl Hören-Sprechen zu sehen.

(27) Infanterieoffizier, Felduniform 44 (M 44), Deutschland 1944-1945

Im Sommer 1943 wurden Feldversuche durchgeführt, deren Ziel die Schaffung einer neuen Art von Felduniform für alle im Feld stehenden Truppen der Wehrmacht gleichermaßen war. Die Gestaltung der neuen Uniform war eine gründliche Abkehr vom bisherigen Aussehen und ging auf die Absicht zurück, sowohl den für die Uniformproduktion notwendigen Bedarf an Rohmaterial als auch Herstellungskosten und -aufwand zu reduzieren. Das Ergebnis war die Felduniform 1944. Sie stellte die letzte Stufe des Enwicklungsprozesses deutscher Uniformen in der Zeit des Krieges dar. Die traditionelle Jacke mit den vier Taschen wurde durch eine kürzere Jacke mit zwei Taschen ersetzt. Die Länge der neuen Jacke erinnerte sehr an die britische „battledress blouse" von 1937. Wegen des hohen Anteils an Kunstfasern änderte sich auch die Farbe. Die offizielle Bezeichnung war „Feldgrau M 44", es war aber in Wirklichkeit ein olivfarbener Ton mit leichter Bräunung. Es gab auch graue und grüne Farbschattierungen.

Bei vielen Soldaten war die neue Feldjacke sehr unbeliebt, und es wurde der traditionellen deutschen Uniformjacke nachgetrauert. Angeführt wurden einige Nachteile im praktischen Gebrauch, z.B. neigte die kurze Jacke dazu auszufransen und sich von der Hose nach oben wegzuschieben. Andere begrüßten diese neue Jackenart sehr, insbesondere wegen des einfachen Schnittes, der praktischen Gestaltung und des ordentlichen Erscheinungsbildes.

Die Feldbluse M 44 war eine bis zur Hüfte reichende Jacke, die vorne mit sechs Knöpfen geschlossen wurde. Unten war ein zweifach abgegrenztes engeres Band eingearbeitet, das für den anliegenden Sitz der Jacke an der Hüfte sorgte. Sie hatte zwei Brusttaschen mit Klappe, aber ohne Quetschfalte. An den Taschenklappen (Patten) gab es die Schweifungen nicht mehr, sie waren jetzt gerade geschnitten. Die Ärmel wiesen einfache Ärmelschlitze auf, die Knopflöcher für die Kunststoffknöpfe waren jetzt versteckt im Ärmel auf einem Stoffsteg angenäht. Der Kragen gestaltete sich etwas größer und spitzer als an den vorherigen Uniformjacken. Und da die Jacke bis nach oben zuknöpfbar war, gab es am Hals auch keinen Haken/Ösen-Verschluß mehr. Allerdings wurde sie selten völlig zugeknöpft getragen, vielmehr wurde der oberste Knopf offen gelassen, so daß die Jackenenden oben abstanden. Die Feldbluse war innen nur links und rechts auf der Brustseite mit matt-grauer Kunstseide gefüttert. Auch andere Farbschattierungen traten auf. Anstelle der außen weggefallenen Taschen waren jetzt innen zwei Taschen – auf jeder Brustseite eine – eingenäht. Die Innentaschen konnten jede mit einem einzelnen Knopf verschlossen werden. Der Verstärkungsstoffstreifen für den Einhängstoffsteg der Koppelhaken war in der Achselhöhle beginnend eingenäht. Am abgesetzten Taillenband gab es nur noch eine Öffnung für die Haken.

Zu dieser Jacke gab es keine eigene Offiziersausführung. Da jedoch Offiziere das Recht hatten, sie in den Bekleidungseinrichtungen der Einheit zu erwerben, war es bei ihnen nicht unüblich, ihre Offiziersabzeichen entsprechend auszutauschen, also ihre alten Abzeichen zu verwenden. Die Tatsache, daß viele Offiziere diese Feldbluse im Stillen doch sehr attraktiv fanden, ergibt sich aus der Existenz einer großen Anzahl privat geschneiderter Exemplare. Der hier abgebildete Oberleutnant trägt an der Jacke die abnehmbaren Schulterklappen seines Dienstgrades mit den Vorstößen in der weißen Waffenfarbe der Infanterie. Am Kragen werden die feldmäßigen Kragenlitzen getragen; auch sie sind in der weißen Waffenfarbe gehalten. Eine neue Version dieser Patten wurde ab September 1944 verwendet. Sie waren aus einem Stück maschinell gewoben und hatten eingebrachte Streifen in der Waffenfarbe. Diese Version war aber sehr selten in Gebrauch. Die handgestickten Abzeichen wurden auch in keinem nennenswerten Umfang ausgetauscht. Der Hoheitsadler auf der Brust ist das übliche silberfarbene Abzeichen in der handgestickten Ausführung. Zu dieser Zeit gab es auch eine flache, maschinell gewobene Version auf einem dunkelgrünen dreieckigen Trägerstoff. Sie war allerdings nur wenig verbreitet. Der abgebildete Offizier trägt das Infanterie-Sturmabzeichen und eine Ordensspange mit den Bändern des Eisernen Kreuzes 2. Klasse (EK II) und der Medaille „Winterschlacht im Osten 1941/42" (auch als „Ostmedaille" bezeichnet).

Bei der Stiefelhose handelt es sich um eine private Schneideranfertigung in „Feldqualität", die in Kontrast zur sogenannten „Dienstanzugsqualität" steht. Die Hose besteht aus rauer grobkörniger Wolle aus der Spätzeit des Krieges. Für viele Offiziere waren die Stiefelhose oder die Reithose und die Reitstiefel ein Offiziersmerkmal, das sie als entsprechendes Statussymbol bewahrt wissen wollten. Die Offiziersversion der „Einheitsfeldmütze 43" ist hier zu sehen. Im Grunde ist es das gleiche Modell wie die Mannschaftsmütze, hat aber um den Mützendeckel herum die silberfarbigen Litzenvorstöße für Offiziere. (Bei Generalen waren sie goldfarbig.) Das Mützenabzeichen ist maschinell auf einen feldgrauen Trägerstoff aufgewoben. Es hat die Form eines mit der Spitze nach unten zeigenden Dreieckes und entspricht auch in dieser Hinsicht dem Mannschaftsabzeichen, zeigt aber einen silbernen Adler, und auch der weiße Ring in der Reichskokarde ist silberfarbig. Da dieses flach gewobene Abzeichen offiziell und daher sehr verbreitet war, stellte es keine Besonderheit dar. Deswegen gab es auch viele privat veranlaßte Überarbeitungen und Verfeinerungen des Emblems, wie zum Beispiel eine handgestickte Ausführung mit metallischen Fäden oder auch an der Mütze einen zusätzlichen Litzenvorstoß vorne am Umschlag.

Der Offizier trägt die Reitstiefel, den Offiziersleibriemen und daran aufgeschlauft die schwarze Pistolentasche für die Walther P 38-Dienstpistole. In der Hand hält er eine „Tellermine 43", die zu einer Reihe von flachen Panzerminen gehört.

Oben links und oben:
Die Einheitsfeldmütze für Offiziere M 43 war bewiesenermaßen sehr beliebt. Es gibt viele zeitgenössische Fotos, auf denen sie zu sehen ist, sogar von Generalen getragen. An diesem Exemplar aus später Produktion sind die Ventilationsösen verschwunden. Vielleicht wurde diese Mütze auf private Bestellung hin hergestellt, da bei ihr ungewöhnlicherweise das Innenfutter auch die Unterseite des Mützenschirmes bedeckt. Die einzige Markierung in der Mütze ist die Größenangabe.

Links:
Obwohl die Beliebtheit der Jacke und die Bereitschaft zur Verwendung unter den Offizieren sehr zu wünschen übrig ließ, konnte sie dennoch, mit allen Abzeichen versehen, ein sehr kämpferisches und frontgehöriges Aussehen bekommen. Viele Offiziere bevorzugten jedoch weiterhin die bisherigen Uniformjacken mit vier Taschen. Der offene Kragen der Feldbluse verlangte, daß darunter ein Hemd mit Kragen getragen wurde. Zur Zeit der Feldbluse 44 trugen die Offiziere üblicherweise die normale feldgraue Ausführung des Hemdes.

Links:
Dieses Abzeichen eines Oberleutnants der Infanterie zeigt, daß die handgestickten Offiziersabzeichen bis zum Kriegsende getragen wurden, obwohl zwischenzeitlich maschinell gewobene Versionen eingeführt worden sind.

Oben:
Die Innenansicht der Jacke zeigt die beiden inneren Brusttaschen und die Stoffstege für die Koppelhaken. Auf der rechten Brust oberhalb der Tasche kann man noch die Umrisse des in der Uniformfabrik angebrachten Hoheitsadlers sehen, der entfernt und gegen eine andere Version ausgetauscht wurde.

Oben:
Das Modell von 1943 der Tellermine war eine von vier verschiedenen Panzerminen. Sie hat eine pilzartige Druckplatte und enthält etwa fünfeinhalb Kilo TNT. Man beachte die aufgedruckten Angaben.

(28) Panzergrenadier, Felduniform 44 (M 44), Deutschland 1945

Im Frühjahr 1945 hatte sich die Wehrmacht hinter den Westwall zurückgezogen und bekämpfte die von Westen und aus Italien vorrückenden britischen und amerikanischen Truppen. Im Osten flutete die Rote Armee nach Deutschland hinein. Als das Reich weitgehend überrannt und zersplittert war, wandelte sich die militärische Szenerie in Chaos um. Manche Überreste militärischer Verbänden kämpften „bis zum letzten Blutstropfen" weiter, während andere sich den allgemeinen Auflösungserscheinungen hinhaben. Altgediente Soldaten, hastig einberufene Jungen und alte Volkssturmmänner kämpften zusammen oft unter schlechter Führung örtlicher Kommandeure, bemüht zu überleben oder, wo immer das möglich war, sich im Westen den Alliierten zu ergeben und nicht den rachsüchtigen Russen in die Hände zu fallen. Alles war vollständig zusammengebrochen, die gesamte Infrastruktur und Logistik, das Befehlswesen und der Nachschub. Die Ausgabe der neuen Uniform M 44 an die kämpfende Truppe, zum Beispiel an die Panzergrenadiere, hatte zwar Priorität, jedoch war die Bekleidung in zu kleiner Stückzahl verfügbar, als daß das Erscheinungsbild des deutschen Heeressoldaten noch überall hätte verändert werden können. Dort wo die neue Uniform die Truppe noch erreichte, demonstrierte sie bildlich die eingetretene Veränderung, die seit dem Angriff auf Polen am 1. September 1939 bis zur deutschen Kapitulation am 7. Mai 1945 eingetreten ist. Die deutschen Uniformen, die ihre hohe Qualität und die beeindruckenden Verzierungen aus der preußischen Tradition des 19. Jahrhunderts ableiteten, waren jetzt graubraun, düster und langweilig geworden und entsprachen eher dem Bild eines Arbeiters oder Mechanikers, hergestellt aus schäbigsten Ersatzmaterialien.

Die hier abgebildete Feldbluse M 44 stammt aus einem Bündel, das bei der Plünderung einer Bekleidungsfabrik in der Nähe von Hannover mitgenommen wurde. Sie sieht noch genauso aus, als wenn sie darauf wartet, ausgegeben zu werden. Sie ist insgesamt von respektabler Qualität, obwohl das Material einer harten Behandlung kaum lange standhalten würde. Der Stoff hat die feldgraue Farbe der früheren Feldblusen und -jacken. Die Uniform M 44 trat in drei verschiedenen Stoffen auf. Der erste ist das reguläre feldgraue Stoffmaterial, das auch hier zu sehen ist. Es wurde für die ersten Uniformen verwendet. Der zweite Stofftyp wird als „russischer Stoff" oder „Russenmaterial" bezeichnet: er ist feldgrau mit einem bräunlichen Farbton. Es wird gesagt, daß dafür auch zerstampfte russische Uniformen verwendet worden sind, die zusammen mit anderem Material in einer Mischung diesen Ersatzstoff ergaben. Der dritte Stofftyp ist ein matter grauer Stoff, der aus Lagerbeständen in Italien stammen soll. Manche Felduniformen M 44 des Heeres und Uniformen der Waffen-SS sind aus diesem Stoff. Das Futter besteht aus bronze-silberner Kunstseide und hat auf jeder Brustseite eine zuknöpfbare Innentasche. Die Bestempelungen beziehen sich auf Größenangabe und sind über der linken Innentasche angebracht.

Obwohl diese Feldbluse aus dem feldgrauen Stoffmaterial des ersten Typs hergestellt wurde, trägt sie dennoch – seit 1945 unverändert – aus „russischem Stoff" hergestellte Schulterklappen. Diese entsprechen der sehr späten Kriegsversion und haben keine weitere verstärkende Unterlage als einen Streifen Kunstseide auf der Unterseite der Schulterklappe und an der Zunge. Die Kragenpatten bestehen aus den standardmäßigen Litzen, die nach 1940 eingeführt wurden. Der Hoheitsadler auf der Brust ist die letztverwendete Version dieses Abzeichens auf einem dreieckigen Trägermaterial. In dieser Dreieckform ist er aufgenäht (anstatt wie früher zunächst entsprechend den Umrissen gefaltet, vom Trägerstoff ausgeschnitten und dann auf die Uniform aufgenäht zu werden) um Herstellungszeit zu sparen. Es gibt auch noch eine tarngedruckte Version aus der letzten Kriegszeit, die allerdings sehr selten ist. Die regulären Feldhosen M 44 sind hier aus dem dritten („italienischen") Stofftyp zu sehen. Die Hose hat zwei Vordertaschen und eine Tasche hinten, außerdem eine Uhrentasche. Alle Taschen haben gerade geschnittene Taschenklappen und können mit einem Knopf verschlossen werden. Die Hose hat Gürtelschlaufen und einen dazugehörigen gewobenen Gürtel mit einer Dornschließe. Bei manchen Hosen ist dieser Gürtel innen eingenäht. Dieser hat dann eine Dornschließe mit zwei Dornen. Ist wie hier der Gürtel außen, hat er eine Dreidornschließe. Die Hosenbeine sind gerade geschnitten und werden auf Höhe der Fußknöchel mit einem inneren Zugband oder mit Knöpfen, die auf einer Knopfleiste sind, verschlossen. Dadurch können die Hosenbeine gut unter den Gamschen verstaut werden. Alle Knöpfe sind aus Kunststoff. Auch für die Hosenträger sind die Knöpfe noch vorhanden. Hier werden vom Soldaten die knöchelhohen Schnürstiefel und die Gamaschen getragen.

Der Panzergrenadier hat die Feldmütze M 43 auf. Sie hat sich seit ihrer Einführung ein wenig verändert. Während bei den ersten Mützen das Innenfutter aus grauer Baumwolle war, wurde in den Mützen aus späterer Produktion für das Innenfutter graue gesponnene Kunstseide im Fischgrätmuster verwendet. Die Markierungen waren üblicherweise auf die Einstempelung der Mützengröße oder der Reichsbetriebsnummer (RB) beschränkt. Ventilationslöcher mit Ösen waren ebenfalls nicht mehr an der Mütze vorhanden.

Als Kriegsgefangenem war es dem Soldaten erlaubt, seine persönliche Überlebens- und Schutzausrüstung zur Verwendung im Kriegsgefangenenlager zu behalten. Da es ein junger Soldat war, hat seine Ausrüstung kaum Gebrauchsspuren. Das Koppelschloß hat die zur Spätzeit des Krieges verwendete dunkelgraue Farbe. Es schließt ein dünnes Koppel aus Ersatzleder. Daran aufgeschlauft sind der Brotbeutel mit der daran befestigten Wasserflasche sowie das Kochgeschirr. Der Panzergrenadier zeigt zur Kontrolle sein Soldbuch vor.

Oben links und oben:
Die spät hergestellte Version der Feldmütze 43: Die Knöpfe sind jetzt in der dunkelgrauen Farbe des Koppelschlosses lackiert. Die Mütze hat keine Ventilationsöffnungen mehr. Die späteren Mützen hatten eine Auskleidung aus grauer Kunstseide in Fischgrätmuster. Die sichtbare dunkle Stelle in der Mütze entstand durch Alterungsflecke. Die Mütze verfügt über keinerlei Markierungen.

Links:
Die Feldbluse M 44 ist die letzte Art von Mannschaftsuniform, die vor dem Kriegsende ausgegeben wurde. Sie sieht der 1937 eingeführten britischen „battledress blouse" und der derben olivfarbenen US-Feldjacke aus Wolle – genannt „Ike jacket" – sehr ähnlich. Diese Feldbluse ist zusammen mit ihren Abzeichen nagelneu von 1945 und stammt direkt aus einer deutschen Fabrik.

Rechts:
Die späte Ausführung der Schulterstücke: Auf der Rückseite und auf der Zunge des Schulterstückes ist zur Verstärkung nur ein Streifen Kunstseide aufgebracht. Sie sind aus von der Jacke farblich abweichendem Stoff gemacht. Dabei handelt es sich um das sogenannte „Russenmaterial" in der Farbe grau mit einem schwachen Braunton ist. Die Kragenpatten entsprechen der üblichen Ausführung der letzten Kriegsperiode. Der Hoheitsadler ist jetzt auf einem Stoffdreieck auf die Brustseite aufgenäht. Dadurch wurde Arbeitszeit eingespart.

Links:
Man beachte die Farbe des Kunstseidenfutters, die Stoffstege und Verstärkungsbänder für die Koppelhaken sowie die beiden Brustinnentaschen. Die Jackengröße ist über der linken Innenbrusttasche eingestempelt.

Unten:
Details zur Feldhose M 44, die in diesem Fall aus dem „italienischen" Stofftyp gefertigt wurde. (Dieses Material wurde auch für die Feldblusen verwendet.) Man beachte die gerade geschnittenen Taschenklappen, den zugehörigen Hosengürtel mit der Dreidornschnalle und den Knopf sowie das Zugband am Rand des Hosenbeines, mit denen die Hosenbeine passend verschlossen wurden.

(29) **Persönliche Ausrüstung und persönlicher Besitz**

(1) Zeltbahn/Poncho in „Splittermuster"-Tarndruck. Man achte auf den farblichen Kontrast zwischen der helleren und dunkleren Seite dieses hervorragend erhaltenen – vielleicht nie ausgegebenen – Exemplares. Das Stück ist markiert mit „B 35" (Berlin 1935) und trägt einen fast unleserlichen Herstellerstempel („Anton Jöhring"?).

(2) Kochgeschirr 31 mit 1,7 Liter fassendem Kochbehälter aus Aluminium. Dieses Exemplar ist in oliv lackiert und trägt als Markierung „O.H.W. 44" auf dem Griffstück des Oberteils.

(3) Feldflasche 31 aus Aluminium für 0,8 Liter. Auf dem Flaschenhals ist sie mit „S.K.N. 39" markiert. Sie steckt in einem braunen Isolationsüberzug aus Filz und kann mit einem Riemenverschluß gesichert werden.

(4) Die Gasmaske M 38 ist eine Gesichtsmaske und besteht aus einem Stück. Das Material ist grauer Gummi. Die Maske ist reichlich beschriftet. Auf dem Filter ist eingeprägt „A Flr 44". Am Gewinde ist vermerkt „Fe 41". Die Haltebänder der Gasmaske sind aus Segeltuch.

(5) Tragebüchse für Gasmaske M 38, von der Version M 30 durch den flachen Deckel zu unterscheiden. Ein Satz Ersatzscheiben ist im Deckel verstaut. Papierstreifen mit (in diesem Beispiel) handschriftlicher Beschriftung „Gefr. Schmeidek Rudolf 2/Bau Ers..Btl. 17".

(6) Die Gasplane ist zum Schutz gegen ausgesprühtes Gas gedacht. Sie bestand aus behandeltem Stoff oder Papier. Es ist markiert mit „ghc", „81/41/3", „80 g". Die feldgraue Wachstuchtasche – sie trägt eine Markierung mit dem Text „Gebrüder Wendler GMBH" – wird mit Schlaufen um die Gasmaskentragebüchse gebunden. Auf der Tragetasche liegt hier eine kleine braune Kunststoffschachtel mit der Aufschrift „ET". In der Gebrauchsanweisung auf der Schachtel steht „Hautentgiftungsmittel". Diese Tabletten befinden sich in der Gasmasken-Tragebüchse.

(7) Kleiner Beutel zum Gefechtsgepäck. Das Waffenputzzeug für das Gewehr befindet sich in der Klappe.

(8) Fettbüchse aus schwarzem Bakelit (Beispiel) für Schmalz, Butter usw. Sie wird im Brotbeutel transportiert.

(9) Päckchen mit 50 Stück Zigarettenpapier, Marke Efka Pyramiden.

(10) 20 Zigaretten in beigem Kriegszeitpäckchen, beschriftet mit „Sondermischung" und „Preis 4 Pfennig".

(11) Bunte Packung mit 6 Zigaretten Marke „Merkur", Inhalt der Packung wird als original bulgarisch/mazedonisch bezeichnet.

(12) Schutzbrille mit Gesichtsauflage aus olivfarbigem Gummi, eingeprägt „Neophone", runde rote Linsen, Haltebänder oliv aus gewobenem Stoff, komplett mit grünem Stofftäschchen. Eine Schutzbrille mit grün/gelben Linsen im Aluminiumrahmen mit Drahtgeflecht. Sie hat ein schwarzes elastisches Halteband.

(13) Patronentasche (dreifach) Modell 1911, auf der Rückseite ist ins Leder zentral eingeprägt „RBNr 0/0561/0050".

1
2
3
4
5
6
7
8
9
10
11
12
13
MERKUR
Klarscheiben

(30) Persönliche Ausrüstung und persönlicher Besitz

(1) Die Fettbüchse aus braunem oder orangenem Bakelit war üblicher als die schwarze im vorhergehenden Beispiel.

(2) Während des Krieges waren Zigarren so beliebt wie Zigaretten. Auf der Bauchbinde der Zigarre steht „Für Deutsche Wehrmacht Steuerfrei".

(3) Dieses Päckchen mit 25 Zigaretten ist nach typisch russischer Art: die dunkle Fläche an den Zigaretten ist der Tabak, der helle Teil ist die Papierhälfte. Ab 1941 waren diese Zigaretten auch in der Truppe erhältlich.

(4) Dieses „Schützengrabenfeuerzeug" wurde aus einer 8 mm-Patronenhülse gemacht. In den oberen Teil ist „1944" eingestempelt. Die Spitze wird abgenommen, um den Docht anzuzünden. Dies geschieht mit dem Anzünder auf der rechten Seite. Das Nachfüllen erfolgt durch ein Loch am Patronenboden.

(5) Esbit-Feldkocher. Er gleicht einem kleinen zusammenklappbaren Tisch, in den brennbare Tabletten eingelegt werden. Das Kochgeschirr wurde auf die Halter aufgesetzt. Wenn er nicht benutzt wurde, waren die Brenntabletten im zusammengeklappten Feldkocher verstaut. Er wurde im Brotbeutel oder im Beutel des Gefechtsgepäckes mitgeführt.

(6) Reinigungsgerät M 34 für den Mauser Karabiner 98 k. Es besteht aus einem Metallbehälter, in dem auf der einen Seite Bürsten, eine Durchziehkette, ein Ölfläschchen und Werkzeug und auf der anderen Seite Reinigungstücher waren.

(7) Feldpostpapier erhielt jeder, um den wichtigen Kontakt zur Heimat zu halten. Jede Einheit hatte eine eigene Feldpostnummer.

(8) Durch die Feldpost zugestellt, erhielten die Soldaten auch gelegentlich Dinge zur Unterhaltung, wie zum Beispiel dieses faltbare Papp-Schachspiel.

(9) Dienstbrille. Sie wurde von Rodenstock hergestellt und ist nicht ausgegeben worden. Wenn sie ein Soldat gehabt hätte, wäre die Brille in einem grauen, mit „Dienst-Brille" beschrifteten Metallbehälter.

(10) Die Masken-Brille – auch eine Dienstbrille – wurde von Brillenträgern unter der Gasmaske getragen. Dazu hatte die Brille keine Bügel, sondern Bänder. Die Größe der Brillengläser paßte zu den Sichtgläsern der Gasmaske.

(11) Verbrauchsgegenstände wie Rasierklingen und Seife konnten in der Kantine beschafft werden.

(12) Das Singen von Militärliedern beim Marsch und bei der Rast war eine Eigenheit im deutschen Heer und wurde auch offiziell durch Liederbücher unterstützt. Solche Liederbücher, wie hier eines abgebildet ist, enthielten die Texte vieler beliebter Lieder und waren in der Wehrmacht sehr verbreitet und immer verfügbar.

(13) Kondome waren für die Truppe entweder in Einzelpackungen oder in größeren Packungen verfügbar. Es gab auch eine Ausführung für die Tropen.

(14) Das zusammensteckbare Löffel/Gabel-Besteck Modell 1910 erhielt der Soldat als Grundausstattung. Die Ausführung mit Löffel/Gabel/Messer war verfügbar, mußte aber auf eigene Kosten beschafft werden. Dieses trägt auf der Gabel die Markierung „Igk & F 42".

(15) Der Brotbeutel war, wenn notwendig, am Koppel hinten aufgeschlauft. In ihm waren die für den täglichen Gebrauch des Soldaten notwendigen Dinge. Außerdem Handtuch, Nähzeug, Feldmütze, Eiserne Ration, Essensbehälter usw. Der Brotbeutel ist in vielen verschiedenen Farbschattierungen in der Truppe in Verwendung gewesen: feldgrau, grau, grün und braun.

1
2
3
4
5
6
7
8
9
10
11
12
13
14
15
Esbit
Trocken-Brennstoff
Knochen
Das neue Soldaten Liederbuch
Textbuch mit Melodien
Heft 1
Schach- Dame und Mühle
Feldpostbrief

(31) **Persönliche Ausrüstung**

(1) Solche Taschenlampen mit Handkurbel waren praktisch, da sie keine Batterien benötigten. Zur Aufladung mußte ein Kolben nach unten gedrückt werden. Die grüne Taschenlampe wurde in den besetzten Niederlanden von Phillips produziert. Die andere Taschenlampe ist eine Manulux der Firma Braun.

(2) Diese beiden Taschenlampen gehören unter den vielen verfügbaren Versionen zu den beliebteren. Beide haben oben die Bedienknöpfe und zwei verschiedene Glasplättchen für Signalzwecke.

(3) Der „Juwel 33" war ein Heizer und Ofen, der mit Benzin betrieben wurde. Das Behältnis hat einen abschraubbaren Deckel und einen eingeklappten Ofen. Mit dazu gehörten auch Einfüll- und Einstellhilfen sowie Werkzeug.

(4) Die Schutzbrille für alle Zwecke bestand aus einer kleinen Ledermaske, elastischen Bändern und Glaslinsen. Der „Augenschützer 42" war eine Einweg-Schutzbrille in einem Papierpäckchen. Beide Schutzbrillen gab es mit getönten und klaren Sichtfenstern.

(5) Die Kartentasche M 35 gab es in den verschiedensten Ausführungen aus schwarzem oder braunem Leder und mit unterschiedlichstem Zubehör. Üblicherweise war sie mit drei Fächern für Karten, Tabellen, Notizbuch oder Meldeblock ausgestattet. Auf der Vorderseite waren Halter für Bleistifte, Radiergummi, Lineal usw. angeordnet. Die meisten hatten auf der Rückseite drei Schlaufen zum Einhängen in einen Gürtel.

(6) Den Kompaß gibt es in unterschiedlichsten Arten. Der hier dargestellte war der übliche. Er befindet sich in einem aufklappbaren Kunststoffgehäuse und hat einen Spiegel aus Chrom. Auf dem Deckel trägt er die Beschriftung „Marschkompaß".

(7) Alle Soldaten trugen eine Erkennungsmarke um den Hals. Es war eine ovale Platte aus Leichtmetall, in der Mitte perforiert. Auf jeder Hälfte waren die Einheit, die Dienstnummer und die Blutgruppe eingestanzt. Wenn der Inhaber getötet wurde, brach man die Erkennungsmarke in der Mitte entlang der Perforation auseinander. Die obere Hälfte blieb beim Körper, die andere Hälfte ging zu den Akten.

(8) Verbandspäckchen gehörten zur Standardausrüstung und wurden von den Soldaten in einer speziellen Tasche in der Felduniform mitgeführt. Die äußere Form der Verbandspäckchen veränderte sich im Laufe der Zeit. Die grüne Ausführung ist beschriftet mit „1940", das graue Päckchen mit „1943", das beige Päckchen ist eine besondere Ausführung für die linke Hand.

(9) Das Grabenmesser fand sowohl als Kampfmesser als auch als Allzweckmesser Verwendung. Es gibt davon verschiedene Ausführungen. Die Grunderscheinung ist jedoch immer die gleiche, nämlich Holzgriffe und eine kurze bläuliche Scheide. Manche haben auf der Rückseite eine Einhaköse, andere haben zur Sicherung vor dem Herausrutschen einen ledernen Festhaltesteg und Gürtelschlaufen, wie dieses Modell hier.

(10) Zeltnägel gehörten zur Zeltbahn. Die früheren Versionen waren aus Stahl, später im Krieg waren sie aus rotbraunem Bakelit oder aus kunststoffüberzogenem Holz.

(11) Zeltstangen gehörten auch zur Zeltbahn. Sie waren aus Holz, hatten eine eiserne Spitze und eine Muffe im oberen Bereich. Mehrere von diesen ergaben zusammen die gewünschte Höhe.

(32) Persönliche Dokumente

(1) Ein Soldbuch hatte jeder Angehörige der Wehrmacht. Es enthält alle Informationen über den Soldaten. Dazu zählten auch: Empfang von Ausrüstung und Bekleidung, Befähigungsnachweis für Waffen und Gerät, Truppenteil, Dienstzeiten, medizinische Angaben, Waffenempfang, Urlaub, Soldempfang usw. Auf der Rückseite des Umschlagdeckels war ein Lichtbild des Soldaten (üblicherweise in Uniform). Auf der hinteren Umschlagseite war ein Einschubfach für weitere Papiere. Das hier abgebildete Soldbuch gehörte einem Karl Berger, der Pionier in einer Eisenbahnwartungseinheit war. Ebenfalls zu sehen ist ein Personalblatt über ihn, das die Briten nach seiner Gefangennahme angelegt haben, sowie der Schutzumschlag für das Soldbuch.

(2) Der Wehrpaß wurde für jeden ausgestellt, der zur Musterung registriert wurde. Er stellte die Identifikation der Person sicher und verzeichnete alle vor-militärischen Dienste, beispielsweise im Reichsarbeitsdienst (RAD). Nach dem Eintritt in die Wehrmacht wurde er durch das Soldbuch ersetzt und in die Personalakte der Einheit gegeben. Alle wesentlichen Veränderungen wurden auch in ihm festgehalten. Der hier abgebildete Wehrpaß ist für einen Gefreiten mit Namen Franz Josef Prichoda, der am 14. August 1943 an der Ostfront fiel. Er diente in einer Einheit der 4. Panzerarmee. Gezeigt wird hier auch noch die Verleihungsurkunde und das Eiserne Kreuz mit dem Ordensband, das er posthum erhalten hat. Oberhalb davon liegt eine privat erworbene Brieftasche, in der die Dokumente aufbewahrt wurden.

(3) Der Militärführerschein war auf einem wachstuchartigen Papier gedruckt und wurde mit dem Soldbuch mitgeführt. Im Führerschein war ein Foto des Inhabers. Er gab die Fahrzeugarten an, die dem Inhaber erlaubt waren zu fahren. Das Beispiel hier gehörte einem Unteroffizier mit Namen Walter Jifland von der 2. Kompanie der Nachrichtenabteilung 27 und berechtigte ihn, ein Fahrzeug mit Verbrennungsmaschine zu führen.

(4) Medizinisches Personal und Sanitätspersonal, das am Arm die Rot-Kreuz-Armbinde trug, hatte ebenfalls einen Personalausweis. Dieser berechtigte dazu, die Armbinde zu tragen und stellte die Sanitäter unter den besonderen Schutz der Genfer Konvention. Das hier abgebildete Dokument ist für den Gefreiten Heinrich Rott und nennt sein Geburtsdatum, den Geburtsort sowie seine Diensttätigkeit als Krankenträger. Unter diesen Angaben wird der einschlägige Artikel der Genfer Konvention zitiert.

(5) Zu den meisten Tapferkeitsauszeichnungen gab es auch ein entsprechendes Verleihungsdokument, das normalerweise in einem Einschubfach im Soldbuch aufbewahrt wurde. Das abgebildete Beispiel entspricht dem üblichen Größenformat einer solchen Urkunde und verzeichnet hier die Verleihung des Silbernen Infanterie-Sturmabzeichens an Unteroffizier Johann Meyer von der 14./Gren.Rgt. 146. Das Abzeichen ist ebenfalls abgebildet.

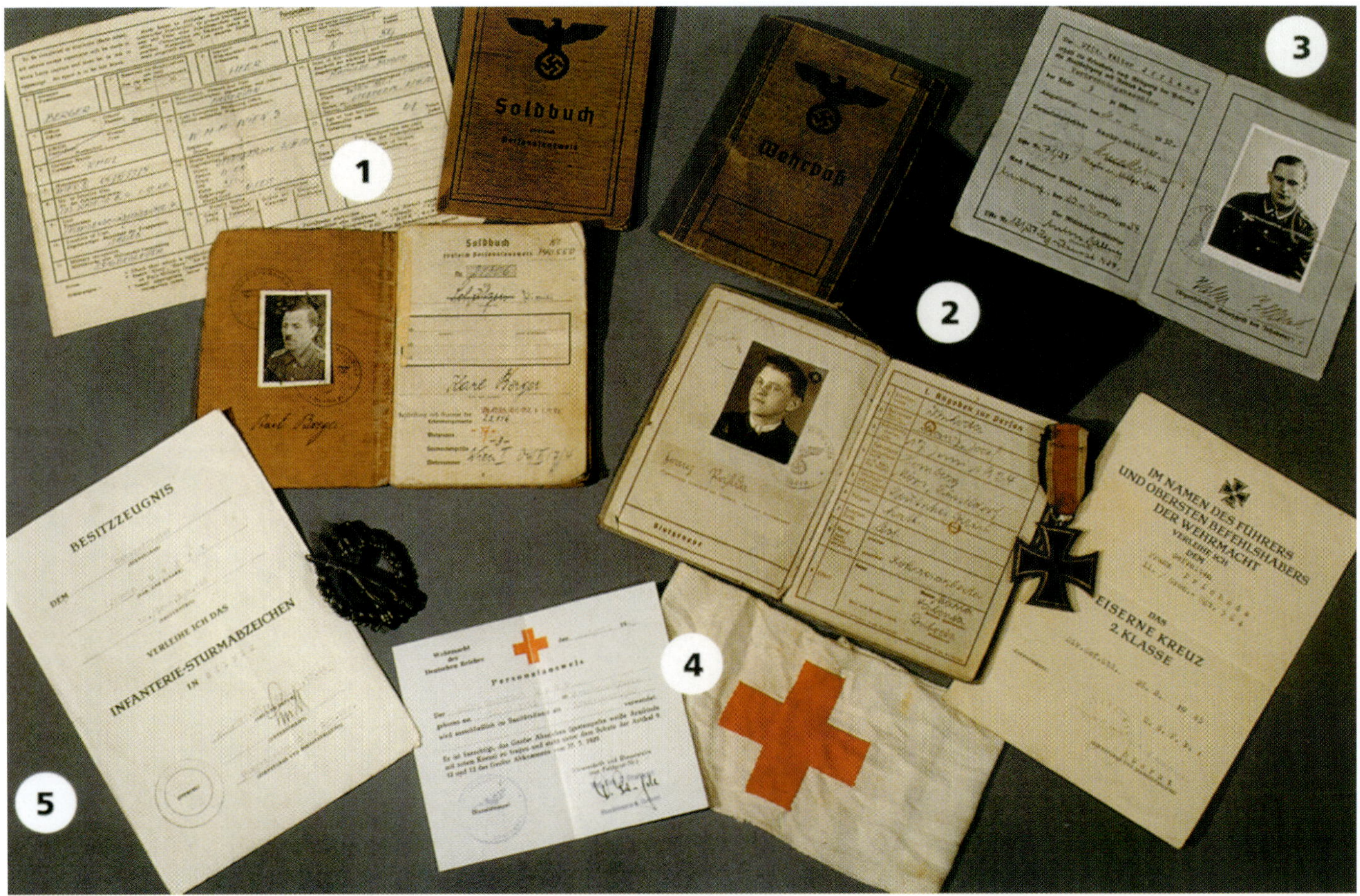

Nachwort zur deutschen Ausgabe

„Neu eingeführt ist eine Feldmütze aus schwarzem Tuch in der Form und mit allen Abzeichen der feldgrauen Feldmütze (Offiziere Vorstöße aus Aluminiumtresse usw.). Sie ist ausschließlich zum schwarzen Feldanzug zu tragen. Da die Besatzungen der Panzerkampfwagen des Feldheeres im Kriege nur mit schwarzer Bekleidung ausgestattet sind, wird diese auch als Urlaubsanzug getragen."

Dies ist ein Originalsatz aus der Zeit, von der hier berichtet wird und stammt aus dem offiziellen Regelwerk „Uniformen der Deutschen Wehrmacht" aus dem Jahr 1940, das einen Überblick über die Neuerungen und Veränderungen der in der Wehrmacht zu tragenden Wehrmachtsuniformen gab und sich in dem zitierten Satz mit der „Sonderbekleidung der Panzertruppen" befaßte.

Uniformen werden immer mit einer bestimmten Zeit gleichgesetzt und ermöglichen auf diese Art die optische Identifizierung einer ganzen Epoche. Festgemacht wird dies oftmals nur an einigen wenigen typischen Erscheinungsformen. Der Betrachter ist meist erstaunt, wenn er sieht, was es „damals sonst noch alles" außer den bekannten Sachen gegeben hat.

In dieser Hinsicht bietet dieses Buch über die Uniformierung der Soldaten des deutschen Heeres einige Überraschungen. Nicht nur wegen der Uniformen selbst, sondern auch wegen der Produktionsumstände in diesen mangelbewirtschafteten Kriegs- und Notzeiten, in denen Deutschland zum Schluß unter ungeheuerlichem militärischem und ökonomischem Druck gegen die halbe Welt im Krieg stand.

Durch besonderes Bildmaterial wird beeindruckend zu Tage gefördert, welche unglaubliche Veränderung vor sich ging, die schließlich in der Felduniform 1944 als neuer Einheitsuniform ihren Höhepunkt fand. Während die Alliierten immer mehr – auch fortgesetzt nach Ende des Krieges – bewährte deutsche Uniform- und Ausrüstungselemente übernahmen, geschah gerade Gegenteiliges auf deutscher Seite.

Die Zeit verändert viel und die Not macht erfinderisch, das gilt wohl auch für militärische Uniformen und Ausrüstungen.

Heinz Schmerder

Bibliographie

Ailsby, Christopher, *Combat Medals of the Third Reich*, Patrick Stephens Ltd., Northamptonshire, UK (1987)

Angolia, John R. & Schlicht, Adolph, *Uniforms and Traditions of the German Army*, 3 vols., R.James Bender Publishing Co., San Jose CA, USA (1984)

Argyle, Christopher, *Chronology of World War II*, Marshall Cavendish Books Ltd., London, UK (1980)

Baer, Ludwig, *The History of the German Steel Helmet from 1916 to 1945*, R.James Bender Publishing Co., San Jose CA, USA (1985)

Buchner, Alex, *Der Bergkrieg im Kaukasus: Die Gebirgstruppe 1942*, Podzun-Pallas-Verlag, Freidberg, Germany (1977)

Davis, Brian L., *German Army Uniforms and Insignia 1933-1945*, Arms & Armour Press Ltd., London, UK (1971)

Fowler, E.W.W., *Nazi Regalia*, Bison Books Ltd., London, UK (1992)

Lee, Cyrus A., *Soldat: The World War II German Army Collector's Handbook*, 2 vols., Pictorial Histories Publishing Co., Montana, USA (1988 & 1991)

McGuirk, Dal, *Rommel's Army in Africa*, Century Hutchinson Australia Pty.Ltd., Melbourne, Australia (1987)

Mollo, Andrew, *German Uniforms of World War II*, Macdonald & Janes Ltd., London, UK (1976)

Peterson, Daniel, *Wehrmacht Camouflage Uniforms & Post-War Derivatives*, EM17, Windrow & Greene Ltd., London, UK (1995)

Pruett, Michael H., & Edwards, Robert J., *Field Uniforms of German Army Panzer Forces in World War II*, J.J.Fedorowicz Publishing Inc., Winnipeg, Canada (1993)

Rottman, Gordon L., *German Combat Equipments 1939-1945*, MAA 234, Osprey Publishing Ltd., London, UK (1991)

Stewart, Emilie, *A Collector's Guide to World War II Wehrpasses and Soldbuchs*, privately published, Ohio, USA (1985)

Williamson, Gordon, *German Military Police Units 1939-1945*, MAA 213, Osprey Publishing Ltd., London, UK (1989)

Windrow, Martin, *The Panzer Divisions*, MAA 24 (Revised Edn.), Osprey Publishing Ltd., London, UK (1982)

Winter, Robert E., *Chain Dogs: The German Army Police in World War II*, Pictorial Histories Publishing Co., Montana, USA (1994)

Periodicals:
Militaria Magazine (French language edition), Histoire & Collections, Paris, France
Militaria Magazine (English language edition), Collectors Press Ltd., London, UK
Military Illustrated Past & Present, Military Illustrated Ltd., London, UK

Aus unserem zeit- und militärgeschichtlichen Verlagsprogramm:

Helmuth Günther
Das Auge der Division
Die Aufklärungsabteilung der Div. „Götz von Berlichingen"
368 Seiten, 32 S. Fotos, gebunden
978-3-938392-17-1 **€ 19,90**

Wade Krawczyk
Uniformen und Abzeichen der Waffen-SS
128 Seiten, 250 Farbfotos, gebunden im Großformat.
978-3-938392-46-1 **€ 29,80**

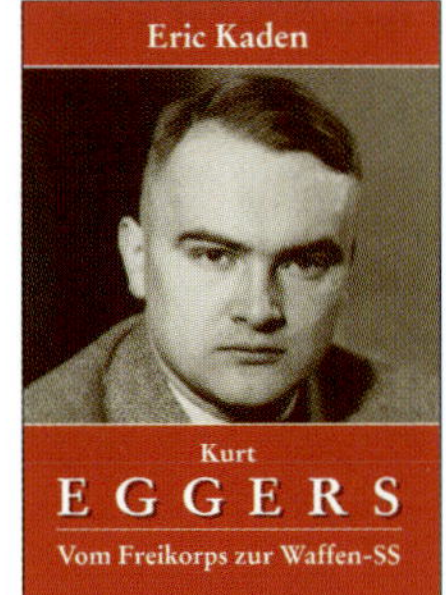

Eric Kaden
Kurt Eggers
Vom Freikorps zur Waffen-SS
280 Seiten, viele Fotos, Karten und Dokumente, gebunden.
978-3-938392-00-3 **€ 19,95**

Rolf Michaelis
Deutsche Kriegsauszeichnungen 1939-45
Heer, Waffen-SS, Polizei
128 Seiten, teils farbige Abb., dt./engl., Großformat, gebunden.
978-3-938392-27-0 **€ 19,95**

Hans-Ulrich Rudel
Von den Stukas zu den Anden
128 Seiten, viele Fotos, gebunden.
978-3-938392-18-8 **€ 9,90**

Waffen-SS im Westen
Blitzkrieg 1940
Ein SS-Kriegsberichterbuch
144 Seiten, durchgängig s/w. Fotos, Großformat, gebunden.
978-3-938392-08-9 **€ 9,95**

Vorwärts, voran!
Die SS-Totenkopf-Division im Frankreich-Feldzug
120 Seiten, durchgängig s/w. Fotos, Großformat, gebunden.
978-3-938392-03-4 **€ 9,95**

Rolf Michaelis
Die SS-Sturmbrigade Dirlewanger
134 Seiten, viele Fotos und Karten, gebunden.
978-3-938392-21-8 **€ 22,80**

Franz Schreiber
Kampf unter dem Nordlicht
Die Geschichte der 6. SS-Division „Nord"
448 Seiten, 48 S. Fotos, gebunden.
978-3-938392-12-6 **€ 24,90**

Hans-Ulrich Rudel
Mein Kriegstagebuch
Aufzeichnungen eines Stukafliegers
320 Seiten, viele Fotos, gebunden.
978-3-938392-05-8 **€ 16,95**

Rolf Michaelis
Ukrainer in der Waffen-SS
128 Seiten, Fotos und Karten, geb.
978-3-938392-23-2 **€ 19,80**

Russen in der Waffen-SS
130 Seiten, Fotos und Karten, geb.
978-3-938392-24-9 **€ 19,80**

Esten in der Waffen-SS
120 Seiten, Fotos und Karten, geb.
978-3-938392-22-5 **€ 19,80**

Alle 3 Bände zum Sonderpreis:
978-3-938392-25-6 **nur € 49,90**

Hans Pichler
Truppenarzt und Zeitzeuge
Mit der 4. SS-Polizei-Division an vorderster Front
368 Seiten, viele Fotos, gebunden.
978-3-938392-07-2 **€ 19,80**

Otto Kumm
Vorwärts, Prinz Eugen!
Die Geschichte der 7. SS-Freiwilligen-Division
406 Seiten, 64 S. Fotos, gebunden.
978-3-938392-13-4 **€ 24,90**

Rolf Michaelis
Die Waffen-SS
Uniformen und Abzeichen
136 Seiten, teils farbige Abb., dt./engl., Großformat, gebunden.
978-3-938392-20-1 **€ 24,80**

Otto Skorzeny
Meine Kommando-unternehmen
Krieg ohne Fronten
446 Seiten, viele Fotos, gebunden.
978-3-938392-11-9 **€ 19,95**

Beliebte Traditions- und Parademärsche
Mit Großem Zapfenstreich und Nationalhymne, CD.
978-3-938392-36-2 **€ 12,90**

Es war ein Edelweiß…
Soldatenlieder und Hornsignale, vorgetragen vom Soldatenchor Minden, CD.
978-3-938392-35-5 **€ 14,90**

Elitesoldaten
Musik in der Waffen-SS
Originalaufnahmen der „Leibstandarte SS Adolf Hitler", CD.
978-3-938392-34-8 **€ 14,90**

Grüne Teufel
Lieder der deutschen Fallschirmtruppe
27 Titel, teils erstmalig auf CD.
978-3-938392-33-1 **€ 14,90**

Winkelried-Verlag - Postfach 16 02 33 - 01288 Dresden
Telefon & Fax: 0700 – 33 60 51 44 • post@winkelried-verlag.de • www.winkelried-verlag.de